動きが心をつくる
身体心理学への招待

春木 豊

講談社現代新書
2119

はじめに

心は昔から、「知」「情」「意」と分けられてきた。知とは情報とも言い換えることができる。「情報の時代」とも言われる現代は知が優先しているということになる。人間の評価の基準も知的活動が優れているかどうかによっている場合が多い。入学試験もそうだし、公務員試験なども知識の有無が選別の鍵になっている。

また心の研究を専門にしている心理学でも、基礎分野では知の活動を研究する認知心理学が最も盛んである。

これは医学の分野で脳の研究が盛んになってきたことと関係している。脳のことがわかれば、すべてが明らかになるとさえ考える人が多くなってきた。たしかに現代の脳科学の進歩には目を見張るものがあり、心の活動に伴う脳の変化を逐一画像にして見せてくれたりする。そのため心の働きもまた、脳によって説明できると思われるようになってきた。

そしてこの風潮は一般にも広がっている。

筆者自身、このような現代の潮流を否定はしない。しかし、このような考え方のみで、人間あるいは心のすべてを理解したことになるのだろうか。本書を通じていくつかの問題を提起したいと思っている。

生態心理学者として知られている佐々木正人が行った興味深い研究を取り上げてみよう。研究の詳細は省略するが、彼は漢字を思い出すときに、かなりの人が手を動かすということに気がつき、それを「空書」と称した。

そして、ある漢字を思い出すときに手を動かすことを禁じられた人と、手を自由に動かせる人とで、漢字の想起に違いが出てくるかどうか、比較実験を行った。その結果は興味深いものだった。手を動かせたほうが、明らかに成績がよかったのである。

この結果は何を意味しているだろうか。記憶を想起することは知的な作業である。心理学でいえば、認知心理学のテーマである。また脳科学でいえば、記憶の想起は海馬を中心とした大脳皮質全体の活動といえるだろう。

したがって記憶を想起することは、脳の活動だけによるものと考えやすいが、佐々木の実験は、知的な現象にも末梢である手の動きが関与していることを示したものであったといえる。記憶の想起という脳内活動は、その記憶が形成されたときの手で書くという身体の動きを無視できないということである。大げさにいうならば、記憶は手にあったということになる（もっとも最近のキーボード入力になれた人たちでは異なるかもしれない）。

本書で繰り返し述べることになるが、脳という中枢の存在は、末梢である四肢の活動の経験の集積であって、末梢である身体なしに存在しえない。大雑把な言い方になるが、始めに「末梢での経験」があって、その経験を以後の状況で能率よく生かすために形成されてきた器官が脳なのだ。

つまり、「始めに末梢の身体ありき」であって、中枢の脳があったのではない。このことは後に述べるように、動物（ここでの「動物」とは文字通り「動く物」を表している）の進化の過程をみれば明らかである。脳は進化の後半から生まれたのであって、多くの動物は脳なしで充分に生きてきたし、生きている。

ここで強調しておきたいことは、ここでいう身体とは、「身体の動き」ということである。身体というと普通は物体や物質としての身体を考えやすいが、ここで重視するのは、「動く身体」である。経験するのは動きであって、物質ではない。

次に問題提起しておきたいのは、身体と深い関係がある感覚についてである。これも後に述べるが、「心は身体の動きから生まれた」とする考えを主張すると同時に、「心の始まりは感覚にある」とする考えも強調しておきたい。

じつはこのことは、心理学の学祖といわれるヴィルヘルム・ヴントが、すでに一九世紀末に、心（彼は意識といった）を分析してゆくと最後に行き着くのは感覚であると述べている。

心というと高度な概念を駆使する認識作用のことだと考えるかもしれない。だから当然脳の活動によって心は生まれるとするのが、現代の主流である。しかし、心の根源である感覚に立ち返ることは、心のリアリティを回復するためには欠かせないものであることを筆者は主張したい。

心の問題として、次に指摘しておきたいのは、心は知のみではないということである。心には情という側面もある。

情には気分、情動、感情、情緒、情操などと微妙な差異があるが、いずれも心の表れを彩るものである。知は論理の正確さを信条とするが、情は感動や実感をもたらす。これらがあいまって実感のある心を体験できるのである。

以上、述べてきたことをまとめてみよう。現代の流れは、知識中心、知に偏った心を重視する傾向がある。言葉を変えると中枢である脳が重要であり、脳のことがわかれば、心の問題はすべて解決するとの信念すら育まれつつあると感じられる。

本書では、この潮流に抵抗を試みたい。まず人間は脳（中枢）のみで存在するとは考えない。末梢もなければならないという当たり前の考えに立ち戻るのである。言い換えれば、人間を心のみの存在とは考えない。身体があって心が成り立つと考える。しかもその身体とは、従来から無視されてきた身体の動き（行動）に焦点を当てるのである。なぜならば、心は身体の動きから生まれてきたと考えるからである。

そのようにして生まれた心の原初的なありようは、身体の動きから生じる感覚である。そしてその感覚は同時に心の根底を支えている気分や感情となる。これらの間の関係は、本書で徐々に明らかにしていきたい。

このような心の根底の気分や感情といったものをテーマとした研究を、筆者は「身体心理学」（『身体心理学』川島書店、二〇〇二年）と呼称している。身体心理学は身体の動きやそこから生ずる感覚や気分・感情という心の根源に立ち戻り、単なる観念ではなく、現実に密着したリアルな心の働きを明らかにしようとするものである。

本書ではいままでの身体心理学の研究を明らかにすることで、脳一元主義が中心となっている現代において、身体の動き、感覚といったものが、私たちの気分や感情に大きな影響を与えていることを再発見してもらえればと思っている。

目次

図版製作　さくら工芸社
11章イラスト　高山千草

第１章　心が生まれる前

進化と人間

人間とその心を探る旅は、人間の基である動物について知ることから始める必要がある。心について知ることを人間から始めてしまうと、心は人間だけが持つ高度な精神作用だと考えてしまい、心の根底を見逃してしまう危険がある。心の起源は動物から始めなければならない。

ところで、ここでいう動物とは、単細胞から多細胞のものまで多様なものがあるが、動物として取り上げるのは、まさに「動く物」であって、組織体全体が「動く」「移動する」という共通点を持つものを意味している。もちろん植物も一部を動かすことがあるが、全体の移動はない。本書で取り上げる動物は昆虫から類人猿までを含むが、動物の頂点と目される人間が中心のテーマであることはいうまでもない。

地球は四六億年前に誕生したという。はじめは無機物の岩石だけであった。それが二七億年前になって、生命の誕生があった。有機物である遺伝子の形成である。このことから、単細胞生物が発生し、それが一〇億年前には多細胞生物となり、五億年前には多様な生物が出現した。四億年前頃から、両生類のように陸上に進出する動物が現れた。その後の進化は目覚しく、哺乳類、猿類、類人猿と進化し、ついに四〇〇万年前には人類の祖先

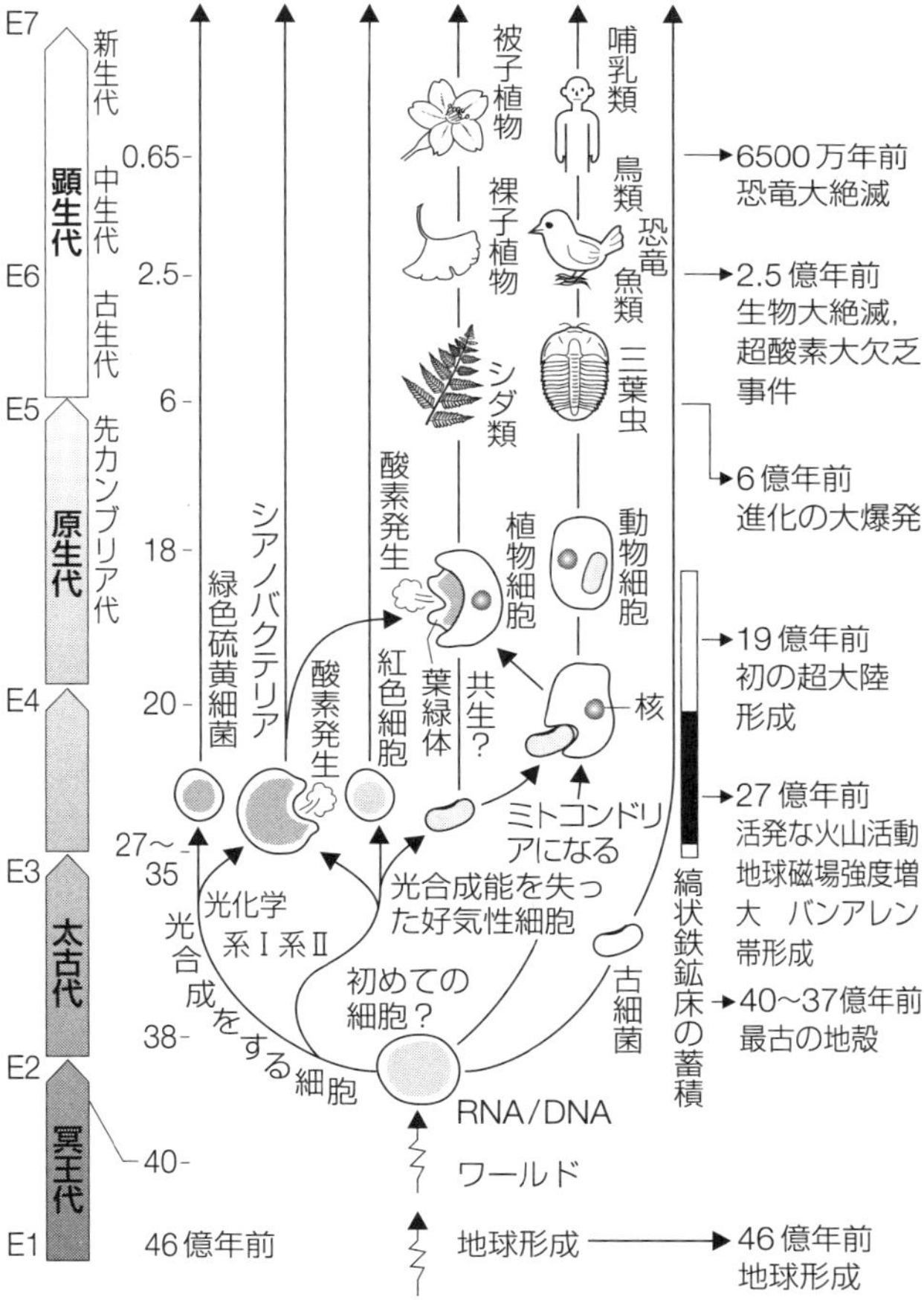

図1-1　生命の進化

（川上紳一『生命と地球の共進化』NHKブックス，2000年より改変）

が誕生したといわれる。この経過は**図1―1**に示されている。

このように気の遠くなるような長い生命の歴史を経て、いまの人間が成り立っていることに思いをいたせば、その体や心を考えるときも、その歴史に基づいてなされねばならないと思わざるを得ない。つまり、進化に基づいた考え方が大切であるということだ。

体の進化

体と心を考える際、最も関係が深いのは感覚器官である。感覚器官の発生は意外に古く、五億年前から存在しているムカシホヤに見ることができるという（図1―2）。図を見ると、確かに人間が持つ主な感覚器官は揃っているようである。その他の体の器官もその萌芽を見ることができる。

さらに鰓《えら》に注目してみると、ホヤでは外から取り入れる水（酸素）と食物は、一つの器官によっている。その後、鰓から食物を取り入れる顎が分化して、鰓は呼吸専門の器官となり、食物は口から腸へ取り入れることになった。これが魚類である。陸上動物では鰓は肺に進化した。

ところで感覚器官が集中しているのは顔面だが、顔面は解剖学的には、内臓頭蓋《とうがい》というそうである。ホヤの図で見るように、顔は腸の先端と諸器官から進化したもののようなの

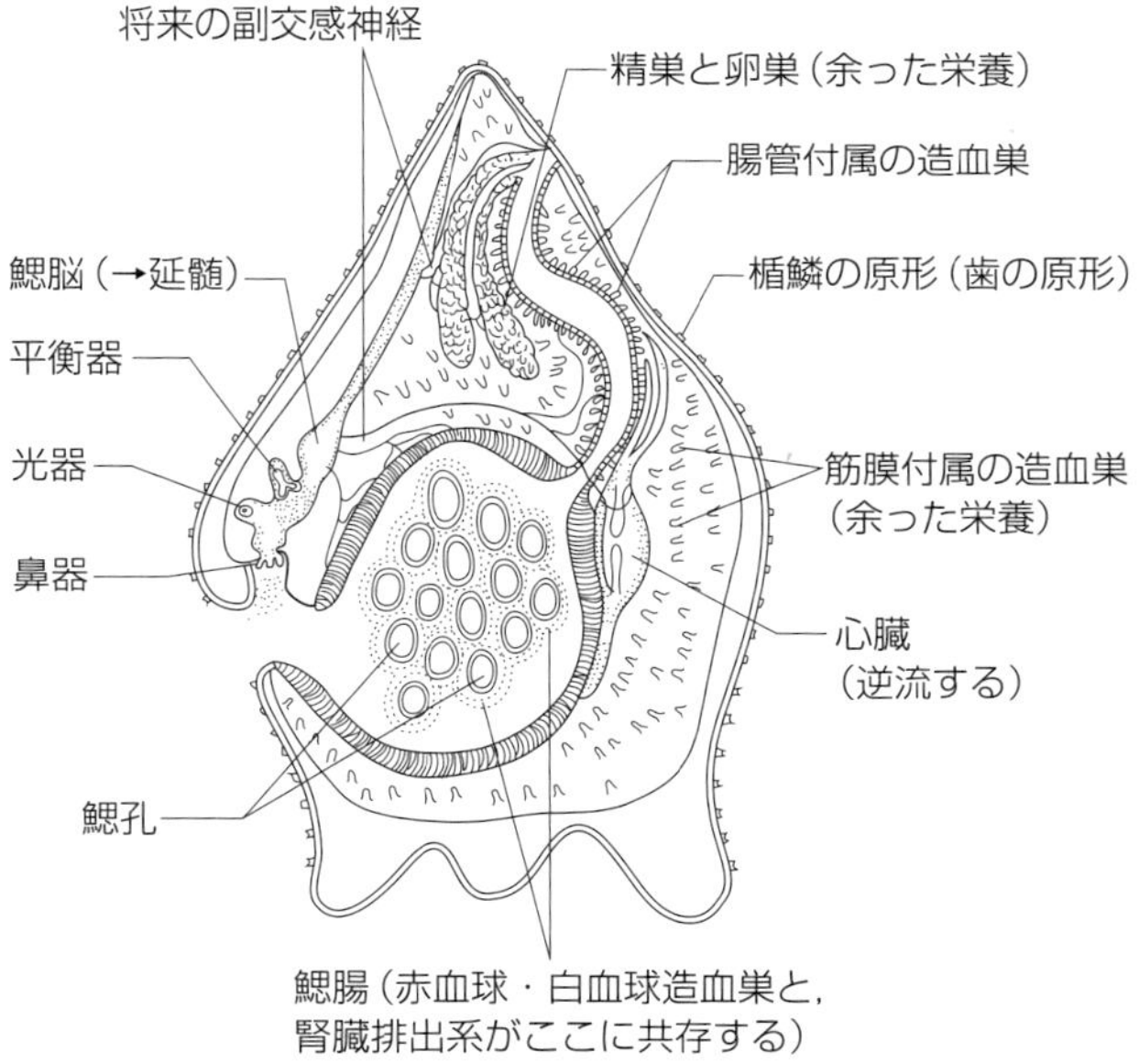

図1-2　ムカシホヤの生体

（西原克成『顔の科学』日本教文社，1996年）

で、内臓であるということが理解できる。顔面が内臓の一種であるということは、内臓系筋肉からなっているということである。つまり不随意筋である。しかしその後、体壁系筋肉も加わっているので、顔面の動きは不随意系と随意系が混在している。

感情は顔面に表れるが、それに不随意系筋肉が含まれているということは注目に値する。このことは後に表情を取り上げるときにも述べよう。

動きの進化

原初的な生命体である単細胞から、ある細胞は植物に進化し、ある細胞は動物に進化した（図1―1、一五頁参照）。この分かれ道がどのようなものであったかはよくわからないが、ある単細胞は動きを伴うようになった。初めは、波まかせであったろうが、ある時点で環境とダイナミックな関係を持つようになり、いわゆる「自発的な動き」といわれるような動きが生じてきた。

単細胞（体）は物質であり、物体である。この物体が動くようになったのは、最初は何らかのきっかけで動いたことが、結果として生存の可能性を広げたためだろう。その後、動きが体を単細胞から多細胞に変化させ、複雑な構造へと進化させたといえないであろうか。

植物も、進化とともに多様化が進んだ。しかし植物ではその多様化は多様性のみであるが、動物の多様化は発展性（進化）を伴っている。この違いは動物が動きを伴ったためではないだろうか。

動きは環境との関係で生ずるものだが、動きの結果生じた体の構造の変化によっても、動きの多様性が増大する。この相互のダイナミックな関係によって、動きは進化してきた。

動きの発展について知る手がかりとして、**「無定位運動」**と**「走性」**について述べてみよう。

無定位運動とは、環境が生体の生存にとって危険な状況になったとき、その環境から生体が逃れる基本的な動きである。たとえばワラジムシは適当な湿度が必要であるが、環境が乾燥してくると、動きの速度や回数が変化し、その結果、偶然湿度が高いところにぶつかると動きは止まる。これを「変速無定位運動」という。

ゾウリムシは酸に対して敏感に反応するが、酸の濃度が高いところに遭遇すると鞭毛の動きが逆になり後退する。そして酸度が低いところに移動すると再び前進する。このような動きを「変向無定位運動」という。

ワラジムシやゾウリムシのような動きは、動きの原初的な形態といえるが、このような動きを見ることで、環境に適応し、生存してゆくための動きの意味を読み取ることができるだろう。

無定位運動より少し複雑な動きは走性である。これにはいくつかの種類がある。たとえば蛆虫のように光を避ける動きは、「屈曲走性」といわれる。光覚器がある体の先端を左右にランダムに動かし（変向無定位運動）、光の方向を感知して、光を避ける方向へと体軸を向けてゆく。

また、アブのように両眼を備えている昆虫が夜に光に向かって飛ぶ場合、両眼が受ける光の量によって方向が定まる。これは「転向走性」といわれる動きで、たとえば、光の量が多いほうに体軸が向けられる。したがってたとえば、二つの光源から等量の光が両眼に当たったりすると、どちらの光源にも行かずに、二つの光源の中間を飛び去ってしまうというおかしな飛び方をしてしまうことになる。

一方、ミツバチなどの動きは「目標走性」といって、転向走性とは異なり、二つの光源があってもどちらかを選択する動きをすることができる。転向走性は環境との関係で物理的に動きが決められてしまうが、目標走性では主体の側に選択の自由がある。

最後は「保留走性」である。転向走性も目標走性も光源に対して体軸を一致させる動きだが、保留走性は光に対して、一定の角度を保持して動くことができる。たとえばアリの動きは餌場に向かうとき、太陽光線をナビゲータにしているといわれている。往路と帰路は当然方向が逆になるので、かなり複雑なメカニズムを持っているといえる。

以上原初的な動きについて取り上げてきたが、ここで注意したいことは、これらの動きは脳という中枢を持たない下等な動物の動きであるということである。

つまりこれらの動きは脳を前提とせず、生命体と環境とのダイナミックスによって生ずるということである。生命体が複雑になり、脳という中枢を持つようになると、動きもまた、より複雑になってくるのも事実である。

しかし重要なことは、はじめに動きがあり、その後に中枢である脳が生じてきたということである。別の言い方をすると、心が脳にあるとするならば、心があって行動が生じたのではなく、行動があって、心が生じてきたのだということである。

動きには進化の進行によりいろいろなレベルがある。それは風まかせ潮まかせの「自然的動き」、主体と環境との相互関係によって生ずる「自発的動き」、そして主体が環境を意志的に選択する「意志的動き」、さらに主体が環境を変えてしまう「創造的動き」である。

人間の中にある動物の動き

動きは前述してきたように、脳を持たない下等な動物（単細胞生物も含む）から始まっているので、動きが動物の根幹であるといってもよい。つまり大きな脳を持つ人間の動きにおいても、下等動物の動きを基にして、それから進化したものであると考えることができる。だから人間の動きの根源を理解するために、動物の動きと人間の動きを比較してみるのも興味深い。

(1) 表情

人間の顔はさまざまな機能を持っているが、基本的には食物を取捨選択する入口である。したがって食物を探したり、選択したりする感覚器官が顔を形成しているのである。つまり、危険なものを拒否し、有用なものを取り入れるために、感覚器官が働く。たとえば腐った食物を目の前にしたとき、嗅覚がそれを察知し、顔をしかめる反応をする。しかめる反応とは、目を閉じ、口を閉ざし、顔を背けるといった動きとなる。これらはその食物を拒否する反応である。これが嫌悪という表情である。

このような表情は動物にも起こっているはずであるが、動物は表情反応が乏しいので、嫌悪という表情が動物と人間とで同じかどうかははっきりしない。むしろ動物の場合、食物を避けるときは体全体の反応（たとえば遠ざかる）で拒否をしている。闘争といった行動は相手がいることなので、まず相手に攻撃するぞという意志を伝達する必要がある。そのため、いろいろな動きが見られる。

たとえば怒りの表情を見てみよう。これには二種類の反応がある。一つは口をあけて威嚇の声を出す。もう一つは口を硬く結ぶ反応である。これは攻撃の武器である歯を食いしばる反応（噛み付く反応）であると考えられる。さらに額に皺を寄せる反応も起こる。**図1－3**（二四頁）の犬やチンパンジーと人間の怒りの表情を見ると、いずれも額に皺を寄せ、口を開くか、硬く閉じている。これが表面的な相似の現象なのか、根源を同じくする相同の現象なのか明らかではないが、非常によく似ている。

同じように、**図1－4**（二五頁）には人間の子どもとチンパンジーの子どもの表情が示されている。両者とも顎をリラックスさせて、口をぱかっとあける表情をしているが、これは友好を示す反応である。この表情はかわいい赤ちゃんを見たときの「まあかわいい」と言うときの大人の表情であり、あるいは知り合いの人同士が出会ったときの「ヤア」という挨拶の表情でもある。このように人間の表情には動物の痕跡が刻まれているのである。

図1-3　怒りの表情

（エクマンとフリーセン『表情分析入門—表情に隠された意味をさぐる—』誠信書房，1987年）

図1-4　友好の表情

（アイブル＝アイベスフェルト『比較行動学1』みすず書房，1978年より改変）

(2) 姿勢

怒りや恐怖は相手がいる場合が多いので、それを相手に伝えるための動きに表れる。**図1―5**（二六頁）は犬の怒りと猫の恐怖の姿勢である。体中に筋緊張が走り、肩や背中の毛が立っている。猫の場合は耳が引かれ、尻尾が下がっているので、恐怖の表れと思われる。一方で背中を丸めているのは体を大きく見せるためであり、表情は攻撃の表情でもあるので、歯向かうという攻撃の動きでもあるだろう。犬は耳が立ち、尻尾も立っているので、明らかに攻撃と怒りの姿勢である。

心理療法家のアレクサンダー・ローウェン（『からだのスピリチュアリティ』春秋社、一九九四年）によると、怒りを蓄積している人は背中や肩の筋肉が盛り上がっているという。攻撃のときに

怒り

恐怖

図1-5　怒りと恐怖の表出

（ダーウィン『人及び動物の表情について』岩波文庫，1931年より改変）

は背中や肩の筋肉に力が入るためであろう。これはボスのチンパンジーが仲間を威嚇するときの姿勢にも見られる。直立して、肩が張り、毛が立っている（図1―6）。プロレスラーも相手を威嚇するために肩を怒らすが、これも同じ反応であるといえる。

動物と人間の行動学者であるI・アイブル＝アイベスフェルトはさまざまな文化において、軍人など階級を重視する集団においては、階級章などの例で見られるように、肩を強調し、飾る傾向があると指摘している。**図1―7**（二八頁）に示されているように、地理的にも離れており、文化も異なる社会において、肩を飾ることがなされていることは、何らかの生物的な根拠があるためと思われる。

図1-6（A・ジョリー『ヒトの行動の起源―霊長類の行動進化学―』ミネルヴァ書房，1982年）

威嚇と反対の服従の姿勢も興味深い。アイブル＝アイベスフェルトによると、たとえばウミトカゲの縄張り争いにおいて、お互いに張り合っているときには、姿勢を高くし、肩を怒らしているが、勝敗がつくと負けたほうは地面に這いつくばって、姿勢を低くするという。相手にこの姿勢をとられると勝ったほうはそれ

図1-7　人間の肩の誇張

（アイブル＝アイベスフェルト『比較行動学２』みすず書房，1979年より改変）

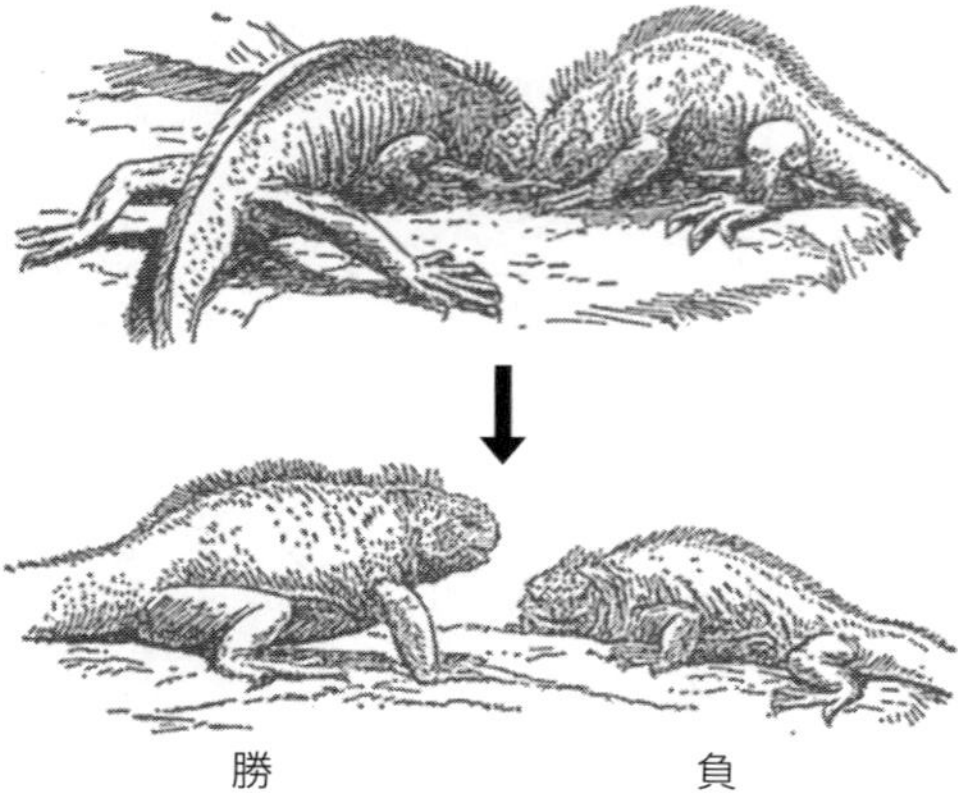

図1-8　ウミトカゲの攻撃と服従の姿勢

（アイブル＝アイベスフェルト『愛と憎しみ1』みすず書房，1974年より改変）

以上攻撃できないという本能が備わっているといわれている（図1—8）。

つまり弱者が身を低くすることは、強者の怒りや攻撃行動を宥《なだ》める機能を持っているといえる。このようなメカニズムがあるために、同種の間では喧嘩はあるが、殺し合いは起こらないようになっているのである。

身を低くするという服従の姿勢は、人間の挨拶行動にも見られる。日本を含む世界の多くの文化では、挨拶行動に身を低くする姿勢（恭順の姿勢）がとられる。特に権力を持つ上位の人に対してなされるが、その起源は動物の行動にあるといえそうである。

第２章　心の誕生

始めに動きありき

心の起源の問題は非常に難しい。聖書にあるように神が人を創ったと考えられれば、これが一番簡単な心の起源の説明になる。しかし現代人にとって、これの宗教的な意味が理解できないと、この説明ではナンセンスということになる。それに代わる考え方はすでに触れてきたように進化論によるしかない。

それでは進化のどの段階で心が生まれてきたのだろうか。これも難しい問題である。心は大脳と関係があると考えれば、動物が脳を持った段階からと答えれば、それなりの回答になるのかもしれない。

心は大脳の働きによると考えるのは、間違いではない。しかしここで問題にしたいことは、その大脳がどこから来たのかということだ。大脳は進化の過程でそれ自体で拡大し、複雑化してきたのだろうか。つまり大脳が自己発生的、自発的に成長したのだろうか。

大脳が発達するには、発達するだけの理由があるはずである。進化論の観点からは、当然環境への適応の結果であるということになる。環境への適応はすでに見てきたように、大脳がなくても多くの動物がやってきたことである。そして環境にうまく適応するために、動物がやってきたことは、環境とのダイナミックな関係の中で「動くこと」であった。

進化の過程で見ていくと、動物は大脳によって、環境に働きかけて適応したのではなく、環境が動物に働きかけて行動を引き起こし、適応してきたのである。そして適応した結果、その行動を保存して、次に同じ事態が生じたとき、能率よく対応するために、記憶の器官である大脳を発達させてきたのである。つまり環境に対応する行動（動き）が大脳を発達させてきたのだといえる。このことから「始めに動きありき」で、その動きから心が発生したのだと考えることができる。

心の発生のメカニズム

では、動きから心が発生したとして、それはどのようなメカニズムでなされたのであろうか。ここではそれを**「条件づけ」**で説明してみたい。よく知られているように、条件づけはロシアの大脳生理学者であったイワン・パブロフが大脳のメカニズムを知るために行った実験である。

犬を被験体にして、口に餌を入れてやる。すると自動的に唾液が出る（手術して唾液腺を口外に出し観察できるようにした）。これを「無条件反射」と称した。もともと持っている生得的反応だからである。そしてこのような反射を引き起こす刺激を「無条件刺激」（この場合は餌）と称した。

パブロフは犬に餌を与える数秒前に音を鳴らしてみた。音を鳴らし、数秒後に餌を与えるということを数回繰り返してみたのである。すると変化が起こり、餌が与えられる前に音が鳴ると唾液が出るようになったのである。このような現象を条件づけと称した。この場合、音を「条件刺激」、音に対して生じた唾液反射を「条件反射」と称した。

犬は元来音で唾液を出す性質を持っていないが、条件づけの手続きを経て、犬は元来なかった新しい性質（音で唾液を出す）を持つようになったのである。パブロフは条件づけについて、さまざまな性質を分析したが、基本的なことは条件反射（音で唾液を出す）が続くためには、無条件刺激を与え続けることが重要で、それを与えないと犬は音で唾液を出す性質を失ってしまう（条件反射は消える）。これを「消去」と称した。これが条件づけの基本原理である。

条件づけの研究はその後アメリカで盛んに行われた。その結果パブロフが行った条件づけの他にもさまざまな形態の条件づけがあることが指摘されるようになった。その詳細は省略するが、ここではその一つである**「回避条件づけ」**といわれるものを取り上げることにする。

この条件づけのために、床がグリッドになっていて、真ん中に仕切りのある長方形の箱

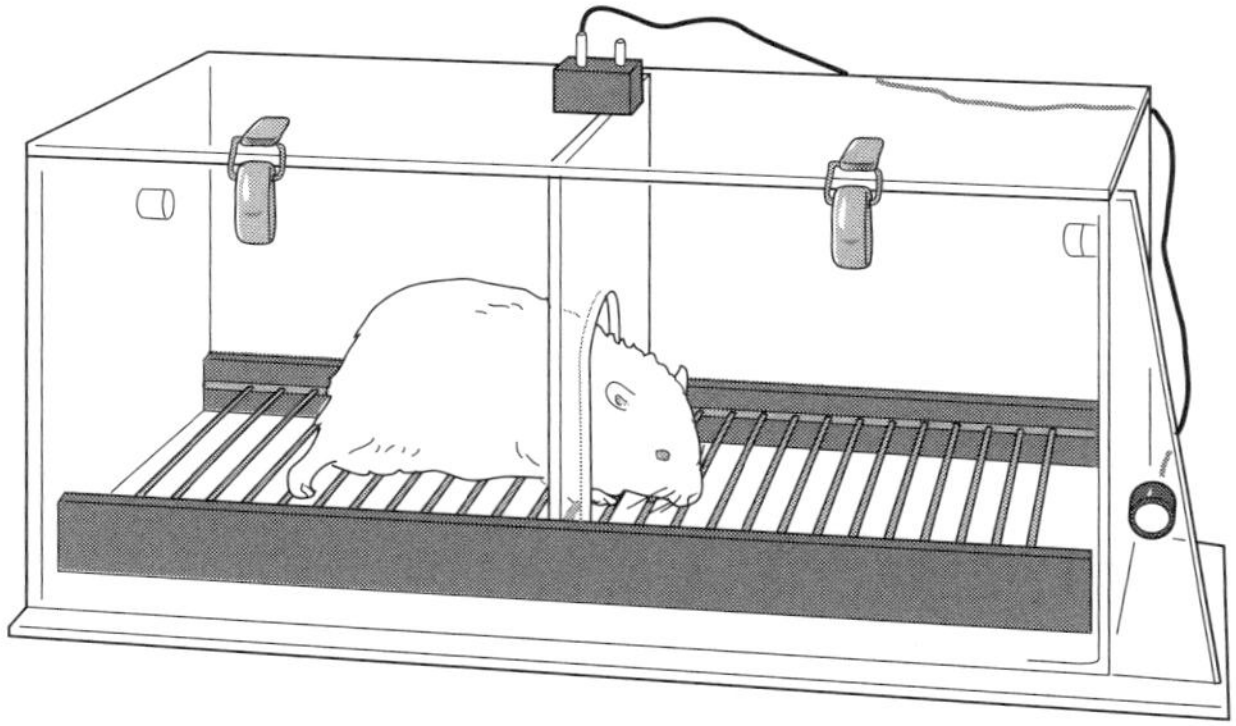

図2-1 「シャトル箱」

（シャトル箱という）を用意する。グリッドには通電できるようになっている（図２—１）。この実験では白ネズミが被験体として使われる。

白ネズミを箱の中に入れ、しばらくして音（条件刺激）を鳴らす。白ネズミは耳をそばだてるぐらいの反応しか示さない。数秒後にグリッドに通電する（無条件刺激）。これに対して白ネズミは飛び上がったり、駆け回ったり、箱から出ようとしたりする（無条件反応）。この事態がしばらく続いた後、白ネズミは偶然、箱の中仕切りを越えて、反対側の部屋に飛び込む。すると音も電気ショックも停止される。しばらく間を置いて、再び音を鳴らし、電気ショックが与えられる。白ネズミは駆け回って、また偶然中仕切りを越えて、最初にいた反対側の部屋に飛び込む。すると再び音も電気ショックも止む。

このようなことを十数回繰り返すと、白ネズミの行動に変化が起こる。すなわち音が鳴ると、するすると中仕切りの近くに移動する。そして電気ショックが与えられるとさっと反対側に飛び込むようになる。さらに実験を続けていくと、ついには音が鳴っただけで、電気ショックが与えられる前に、さっと反対側の部屋に移動するようになる。音に対して条件づけが成立したのである。これが成立するまで、白ネズミでは四〇〜五〇回の試行を要する。音に対して反応することで、電気ショックを回避する行動が成立したわけで、このような条件づけを回避条件づけという。

この条件づけは一見パブロフが行った条件づけとよく似ている。音という条件刺激に対して、餌や電気ショックという無条件刺激が与えられ、唾液や逃げるという反応が音に対して生ずるようになったわけで、無条件刺激や無条件反応の性質が異なるとはいえ、条件刺激と無条件刺激を対提示することで条件反応（反射）が生じたことには違いはない。

しかし詳細に見ると両者は著しく異なっていることがわかる。その一つはパブロフの実験が示したように、条件反応（反射）は無条件刺激が与えられないと消去してしまうが、回避条件づけの場合は、条件反応は無条件刺激（電気ショック）が来ないように反応しており、しかもこの反応はなかなか消去しない（無条件刺激の電気ショックがないにもかかわらず持続する）。このことからパブロフの行った条件づけと回避条件づけは異なる性質のものとされているのである。

前者を「**レスポンデント条件づけ**（**古典的条件づけ**）」、後者を「**オペラント条件づけ**（**道具的条件づけ**）」という。この用語はB・F・スキナーという学習心理学者が名づけた造語である。

そこで次に問題になるのは、回避条件づけはなぜ消去しないのかである。これを説明するためには、オペラント条件づけの原理について知る必要がある。詳細は省略するが、基本は反応が起こるためには「**動機**」が必要であり、反応が消去しないで持続するためには、反応が動機を満足させる「**よい結果**（**強化**）」があることである。

この原理から回避条件づけの反応を理解してみよう。条件づけの初期には電気ショックが与えられるので、これが飛び跳ねる反応の動機になっている。しかし、回避反応が成立した後は、電気ショックは来ないので（来る前に反応が起こる）、この事態では他の動機を仮定する必要がある。

これは次のように説明されている。すなわち電気ショックには逃避行動を起こすと同時に不快または恐怖という成分があり、この成分は音と電気ショックが対提示されている間に、レスポンデント条件づけの原理に従って音と結び付き、音が鳴ると白ネズミは不快または恐怖という条件反応を起こすようになる。

この場合、音に対する条件反応は「不安」と称されている。この不安が逃避行動を起こす動機の役割を果たしているのである。そして逃避行動の結果、音が消えることによって、不安は消える（よい結果）ので、反応は強化され、消去は起こらないということになる。音→不安（動機）→逃避行動→音が消えて不安がなくなる（よい結果）→反応の持続、と要約することができる。

回避反応について外から客観的に観察できるのは、音刺激に対して逃避行動が生ずるということである。しかし、無条件刺激である電気ショックが来ないように反応すること、および無条件刺激がないにもかかわらず、反応が持続するという回避反応を理解するためには、レスポンデント条件づけと異なって、音と逃避行動の結合を媒介する何かが必要となる。そしてその役割を果たしているのが不安（動機）なのである。これを「媒介変数」という。

この回避反応は心の発生に関して、多くのことを示唆してくれる。もし、いまの仮説が正しいとするならば、回避条件づけが成立した白ネズミには不安という情動が形成されたということになる。さらにいえることは、音を手がかりにして、白ネズミは電気ショックを予期あるいは予測したということである。また電気ショックに対して、白ネズミははじめは「反射的な動き」（飛び上がる、うずくまる、などのレスポンデント反応）をするが、条件づけが成立したときには、隣の部屋に移動するという「選択的な反応」（オペラント反応）をするようになったのである。このような情動、予期、選択といった現象は、まさに心の現象の原初的な姿といっても過言ではない。

ここで再び強調しておきたいことは、白ネズミに最初から心があって、回避反応を起こしたのではなく、状況に対して動いた結果、心らしきものが形成されたということである。

犬でも白ネズミでも脳を持っている。脳のないさらに下等な動物では確かに回避条件づけは成立しない。したがって回避条件づけの成立のためには、記憶を可能にする器官である脳の存在は不可欠かもしれないが（レスポンデント条件づけの成立のためには必ずしも脳は必要ではない）、記憶の内容（心）は末梢の動きの経験なのである。

環境に反応して動いた経験が脳に記憶され、次の経験の能率を上げることができるのである。しかしいずれにしろ進化論的に心の発生を考えるとき、脳を持たない下等な動物ですら起こしている動きが基にあるということを忘れてはならないのである。

このようにして形成されてくる心は、その後の進化の過程で、複雑な心を発達させて、ついには人間の精神に到達したのである。人間の心は精緻にして、複雑極まりないものになった。

そのため人間の心の追究は高度な精神活動に関心が集中しがちだが、これから取り上げていく身体心理学のテーマは、むしろ心の底辺の有様を明らかにし、その活動の意味に光を当てようとするものである。

第3章　動き、体、心

1　動きについて

進化の過程における動きの様相についてはすでに述べたがここでは人間の動きについて触れておきたい。

動きの種類

下等動物の場合は細かい動きは観察できないが、人間の場合は動きに微細なものがあり、さまざまな様態がある（表3―1）。

①「生理的反応（反射）」

外から観察できるものとして、たとえば自律神経系では瞳孔反射、唾液反射、筋肉系としては膝蓋腱反射がよく知られている。このほか内臓の反応はすべてこれに属する。このような「生理的反応（反射）」は、いわば生きるために動いている原始的な反応で、生命の

種類	内容
①生理的反応（反射）	環境の刺激に対して自動的に反応する 無意志的，無意識的反応
②体動	体表の微細な反応（例 表情） 無意志的反応であるが，意志的反応もできる
③動作	四肢や体全体の反応 かなり意志的，意識的反応であるが，状況によっては無意志的反応もする
④行為	状況との関係の中で意味づけられる反応 ほぼ意志的，意識的反応

表3-1　人間の動きの種類

維持にとっては欠かすことのできないものだ。これらは自動的に行われているし、私たちが感ずることもあまりないので、意識しない動きだが、後で述べるように身体心理学にとっては重要な動きである。

②「**体動**」

あまり使われない言葉だが、ここでは体表の筋肉の微細な動きである表情や目線、それに姿勢などの動きを意味する。これらは③の「動作」というには、細かすぎる動きであり、意識的な動きというよりは、かなり反射的な動きなので、動作とは区別したい。これらの動きについて、適切な言葉がないのが不思議なくらいである。そこで本書では「体動」と呼ぶことにする。この動きが身体心理学のテーマになる。

③「**動作**」

一般的な意味で、動きというときには、四肢を含む体全体の動きである「動作」を意味するはずだ。生活の中のあらゆる動きはこの動作であり、幅広い概念である。身体心理学でも一部関係する動きである。

④「**行為**」

この言葉が持つ意味は、右に述べてきた三つの動きとは次元が異なるかもしれない。これまでの動きは、いわゆる体の動きに注目したものであったが、「行為」は基本的には体の動きも含みはするが少し異なる。たとえば、AさんとBさんが喧嘩をしているという場合、実際に二人が殴りあう動作を伴う場合もあるが、動作なしでも、AさんとBさんの関係を意味する場合もある。

行為は環境や状況なしには、成り立たない概念である。たとえば、殴りあうという動作があっても、それが喧嘩という行為であるのか、ボクシングという行為であるのかは、状況から決められることである。反射や体動や動作も環境や状況との関係で生ずるものだが、動きそのものに注目する。しかし行為の場合は状況なしには成り立たない。

意志との関係での分類

人間の場合、動きは心との関係で分類されることがある。すなわち「意志的」であるか、「無意志的」であるか、あるいは「意識的」であるか、「無意識的」であるかである。これがたとえば行為である場合、そのことが法的に問題になることもある。ここではそのような複雑な問題は避けて、行動心理学においてなされてきた分類を取り上げることにする。

最も知られているのは、前章で述べたようにスキナーが行った分類である。彼は動物を使って、学習心理学の研究をした学者であるが、動物には二種類の行動があるとした。

①「**レスポンデント反応**（**respondent response**）」

動物から人間まで共通に見られる反応であるが、すでに見てきたように、生得的で、反射的な反応であり、「生理的反応」といわれるものである。この反応は環境からの刺激によって誘発されるものであり、受動的であって、意志的ではない反応である。しかし生体の生命維持にとって欠かせない反応である。

②「**オペラント反応**（**operant response**）」

動物でも人間でも、行動する主体が環境に働きかける反応である。人間では「意志的反応」という。しかしレスポンデント反応のように環境刺激によって誘発され、生得的に反応パターンが決められているものではなく、行動する主体が状況に応じて自発的に行う柔軟な反応である。

たとえば動物は飢えると餌を探すだろう。飢えという状況に対し自発的に餌を探すことを意志的と表現するならば、動物でもレスポンデント反応は無意志的反応であり、オペラント反応は意志的反応であるということができるだろう。

このスキナーの分類は、後に再び取り上げるが、身体心理学では中心的なテーマである。

2　体について

物質としての体、構造としての体、生理反応としての体

自然の進化で見たように地球は物質から始まった。そこに植物や動物が生じてきたのだが、当然、それらも原質は物質である。物質である無機物から有機物が生じるまでは、実に数億年かかっている。そしてさらに長い年月を重ねて、動物の体が形成されてきたのであるが、その過程を経ても物質であるという体の本質は変わらない。

動物は物質を素材にして構造（形態）を形成した。そのため体を構造としてとらえることもできる。進化によって、構造の複雑さが増してきた。

ここで注目すべきことは物質が有機物になり、それが構造を形成した最初のものである単細胞生物において、動きという現象が起こったことである。このことは動きの意味を考える上で、重要なことである。動きはまず体に即して発生したのであり、心との関係は後のことであるといえる。

進化が進むと、生理系の構造（生理反応）が発達する。そしてさらなる進化の過程で、脳という構造を発達させてきた高等動物においては神経系の構造が重要になる。神経系と生理系によって、体の機能が成立している。

しかしここで脳を問題にする前に重視しなければならないのは、脳という構造が形成される前に、感覚器官という構造が発生していることである。すでに述べたように感覚器官の諸器官はすでにムカシホヤにその原型が見られる。さらに昆虫のレベルにおいては、感覚器官の複雑化がかなりなされているのである。感覚器官は動きに深い関係を持っている。動きというと高等動物では筋肉系のことを考えるが、下等動物では筋肉系よりも、感覚系の発達が関与しているといえるであろう。

感覚としての体

感覚器官は右に述べたように、外界の情報をキャッチし、逃げる、捕まえるといった動きを能率よく実行するのに役立っている。感覚器官は進化の過程で複雑化してきているが、かなり下等なレベルの動物から、いわゆる五つの感覚器官が備わっている。これら五官といわれるものは、外から来る刺激（外受容刺激）を捕らえるものである。そして高等動物になるほど、刺激を分化して専門的に捕らえる器官が成立している。

感覚器官が成立すると、そこに感覚が生ずる。末梢の感覚器官が刺激されると、そのエネルギーは神経細胞を伝わって、大脳に伝達され、感覚といわれる作用が生ずる。しかし、ここで再び注意したいことは、この感覚の生起には必ずしも、大脳を必要としないことである。昆虫は目を持っているが、大脳の存在は怪しい。目で捕らえたエネルギーは直ちに運動系に伝わり、光に対して反応するのである。

五感について若干の説明をしておこう。光刺激を捕らえるのは、目の感覚器官である。昆虫のレベルでも備わっているが、目は光のエネルギーを選択的に捕らえる器官であり、視覚をつかさどる。視覚は他の感覚と比較して、最も高度で精緻な感覚である。たとえば物体を捕らえる能力において、目は何光年という先にある星の光を捕らえることができる。また物体の形を捕らえる場合には、触覚でもできるが、その正確さは比較にならないほど視覚は優れている。

これらのことを考えると、目は外界の刺激を捕らえるための最も効率のよい器官であり、光の感覚は最も重要なものであるといえるだろう。

音波を受容するのは耳の器官であり、聴覚をつかさどる。感覚器官が多様に分化しているということは、多様な刺激を探知するとともに、一つの器官の感覚が遮断されているときに、それを補完することができるということでもある。たとえば、視覚障害者は聴覚や触覚で補っている。聴覚は先にも述べたように、視覚に比べると遠くの物を捕らえる能力は、格段に劣る。しかし環境にもよるが、数百メートル先の物体の音を特定できる。また音の性質（属性）によって、どのような物体なのかを知ることもできる。たとえば物をたたいたときの音によって、中が中空かそうでないかがわかる。これは視覚ではできない。

嗅覚は鼻の器官によって成立する。化学物質の刺激によって物体の性質を捕らえることができる。物体をキャッチできる距離は聴覚よりさらに劣るが、環境によっては、数十メートル先のものを捕らえることができる。またたとえば食物を口の中に取り入れることは、実は大変危険な行為であるといえるが、それを摂取してよいか否か（腐っていないかどうか）を知るには、視覚よりは嗅覚のほうが正確である。また嗅覚はガスが充満していないかといったように環境を識別するのにも役立っている。

目や耳は遠くの物体を探すための器官であるため、顔面の高いところにあり、口から離れたところに位置しているが、鼻は下等動物から高等動物まで口に一番近いところに備えられている。

味覚は舌に分布している味蕾《みらい》が感覚器官である。この感覚は接触によって生ずるものであるため、物体を捕らえる距離はゼロである。嗅覚の関門を通過した食物でも、すっぱいといった味覚によって、腐敗を感知し、拒絶することができる。味覚は特に食物専門の感覚であるといえる。食物の摂取には嗅覚とともに二重の関門があるわけだ。

触覚は皮膚に受容器が分布している。主なものに、温度の感覚を知る温点や冷点、痛みの感覚を知る痛点、圧の感覚を知る圧点がある。しかし特定の受容器がない感覚もある。たとえば撫でてみて、物体の性質を感知したりする。あるいは撫でられた感覚で相手の好意を感じたりするといった高度な感覚もある。不思議な皮膚感覚として、かゆみやくすぐったさなどがある。これらの感覚に関する研究は少ないが、山口創の著書は非常に参考になる（『皮膚感覚の不思議』講談社ブルーバックス、二〇〇六年）。

以上述べてきた五つの感覚器官と感覚で五感と言われるが、身体の感覚はこれにとどまらない。生理学者チャールズ・シェリントンの分類によれば、五感は外界の刺激を感知する種類のもので、「外受容刺激の感覚」である。これに加えて私たちの体の中の状況を感知する「内受容刺激の感覚」がある。これには胃の調子が悪いといったような感覚や、心臓の拍動の感覚（特に不整脈の場合）がある。さらに「自己受容刺激の感覚」がある。これについては次の項で説明しよう。

身体感覚

「身体感覚」というと一般には、右に述べてきた体の感覚すべてを含むものと理解されることが多い。しかしここではシェリントンの刺激の分類、すなわち、外受容刺激、内受容刺激、自己受容刺激の三つの分類に従って、外受容刺激（外受容感覚）はいわゆる五感、内受容刺激（内受容感覚）は内臓感覚、自己受容刺激（自己受容感覚）を身体感覚ということにする（体性感覚ともいわれる）。

自己受容感覚は筋肉系の感覚、あるいは骨格の動きの感覚である。これには五感のような特定の受容器官があるわけではない。その感覚の生理的メカニズムについての詳細はまだ明らかになっていないが、身体心理学ではこの感覚を重視する。

繰り返し述べてきたように、動くことは人間を含む動物の根源的な特性である。下等動物においてさえも、環境とのダイナミックな関係の中で動いているが、このことが可能であるためには、移動したことに関する何らかの手ごたえ（フィードバック）がなければならない。手ごたえは環境の変化といったことも重要であるが、なんといっても身体が動いているという感覚が必要である。身体の筋肉の緊張の感覚や四肢の動きの感覚である。

動きは進化の過程において、かなり下等なレベルから行われているのであるから、この自己受容感覚は、五感などに比べると、より原始的な感覚である。したがって通常はほとんど無視されているが、後に述べるように心の根源に関わる問題を取り上げるときには、この感覚は重要な役割を持つ。

3 心について

知・情・意

人間の複雑な心の現象は簡単に分類できるものではない。しかし冒頭で述べたように昔から一般に、知、情、意と分けられている。この分類はわかりやすい。知は知性ともいわれるが、言葉を操って行う論理的な議論や数学の思考などの心の働きである。

情は感情や情動の意味である。これは快、不快という言葉で代表されるような心の現象だが、対象に接近、回避する心の働きであり、知性のように必ずしも言葉を必要とはしない。たとえばビーフステーキはたんぱく質であり、その組成はといったように記述するのは知性の働きであり言葉を必要とするが、「美味しい、好き、食べたい」というのは感情であり、言葉以前の心の経験である。

意はここでは意志の意味である。意志の基本的な性質は選択である。多数ある選択肢の中から一つを選ぶのは、意志の働きである。ビーフステーキと鶏肉があったとき、どちらを選ぶかは、好き嫌いの感情によることもあるが、ビーフステーキは美味しいけれど、メタボになるから鶏肉を選ぶというのは意志の現象である。意志は選択だけではなく、遂行にも関与する。困難を乗り越えて、終わるまでやり続けるといった現象である。

「認知」

知性といわれている心の働きは心理学では「認知」という。簡単に説明すると認知の働きの基礎になるのは記憶である。問題を前にして、解決のために、思考するのはもちろん認知といわれる心の働きであるが、その思考作用を可能にしているのは、以前の経験や知識が記憶として貯蔵されているからである。

また記憶を土台にして、思考するためには、言語が欠かせない。言語の基本的な性質は概念である。概念の形成や操作は認知の重要な側面である。人間は言語を操って思考し、推理するために、現在という時間を離れ、また、ここという場所を離れた世界を想像することができる。これが認知の特徴であろう。いわば認知は心の高度な部分の現象である。

「感情」「情動」「気分」

「感情」「情動」「気分」は認知と異なる心の現象だが、この三つを区別することは困難である。よく言われる区別としては情動は激しくて、反応に表れるが、感情は弱くて、反応として捕らえるのが困難であるというものである。気分となるとさらに弱くて、反応は表に現れない。一般には三つを包括して感情という言葉が使われることが多い。

先にも述べたように、感情は認知と比較して、原初的な心の現象である。心の萌芽である。ただし感情には、たとえば情緒とか情感といった言葉で表現されるような、複雑な内容を持つものもある。

これに対し情動はいわば動物的な感情ということができ、原初的な心である。猫や犬に感情があるかと問われても、回答はできないが、情動は明らかに認めることができる。感情にはどのような種類があるかを答えるのは困難であるが、情動はある程度特定できる。たとえば怒り、喜び、恐れ、驚き、憂い、嫌悪、悲しみ、といったものである。これらは哺乳類のような動物においても、容易に特定できる。これらの情動が動物的で、心の原初的現象であるということは、情動が環境に適応して生きてゆくことに、密着したものであるということである。

たとえば、恐れは環境の脅威に対して、逃げることに関係した心の働きである。逆に怒りは脅威に対抗しなければならないことと関係している。嫌悪は口に入れてはいけない食物を拒絶する行動と切り離せない。このように情動は心の現象であると同時に、行動（動き）でもある。

気分は情動に比べて捕らえることが難しい。しかし心の現象としてある意味では情動よりもさらに原初的な心の働きといえる。視点を変えると情動は動きと密接な関係にあるが、気分は感覚と関係が深いといえるかもしれない。

心理学の創始者であるヴントは、心（意識）を分析してゆくと、基底となる心的要素は、快―不快、興奮―沈静、緊張―弛緩の次元に整理できるとした。ヴントはこれらの三次元は感情の次元であるとしているが、筆者はこれらは気分の次元のものであると考えたい。ヴントは心（意識）を分析してゆくとそれは感覚に行き着くと考えた。このことから気分の三次元は感覚の次元でもあると考えることもできる。この考えは現代の心理学の一般的な考えではないが、これに関しては後に議論しよう。

第４章　心が先か、動きが先か

常識的な考え方

動きと心との因果関係は、常識的には、「始めに思い、次にそれを行動に移す」と考えられている。この考え方は非常に強固である。一方、思う前に動いているという事実は、たとえば剣の達人などについて指摘されてはいるが、これは熟達者の特殊な場合であると考えられている。このように心を働かせて、次に動くという考えは日常体験からも常識であって、まったく疑問に思われない。

しかしこの常識に問題を提起するのが身体心理学の考え方である。そこでこのことについて、さらに追究してゆくことにしよう。

進化論からの見方――ダーウィンの説――

動きと心の常識的な関係とは、少し違った観点について述べてみる。すでに強調してきたように、進化論的にいうと心の発生以前にさまざまな動きが存在していた。すなわち下等動物においては、心を働かせて、その結果行動する（動く）というパラダイムが通用しないのである。この動物の動きのあり方は、人間の動きの根底においても働いているのではないだろうか。

ダーウィンは『人及び動物の表情について』という著書を残している。この著書では表情のみでなく、姿勢、発声など、前章で述べた動きの分類でいえば、体動について広く述べられている。ダーウィンは著書の中で、動物が環境のさまざまな状況に対応したり適応したりするための反応が表情であるといっている。たとえば怒りや攻撃のときに歯をむき出しにするが、これは相手に噛み付く（歯向かう）ために他ならない。猫は喧嘩のとき、耳を後ろにし、背中を丸める姿勢が見られるが、これは耳に噛み付かれないようにするためであり、体を大きく見せるためであるという。このような反応を「有用な連合的習慣の原理」と称している。

下等動物になると表情といった微細な反応は観察できないが、大まかな反応（動作）に環境に対する適応反応を見ることができる。たとえば団子虫は危険な状況（体を突っつかれる）に対して、体を丸めて対応する。これは危険に対して人間が身をこごめる反応と同じように見える。

表情には姿勢と同じように、いわゆる生得的といわれる反応が見られる。たとえばアイブル＝アイベスフェルトの観察記録にあるように（図4―1、六一頁）、生来盲目の少年にも、笑顔のとき、開眼者と同じような反応が見られる。笑顔をもたらす言葉がけ（たとえば、好きな女の子いる？）に対して、他人（あるいは自分）の笑顔を生まれてから一度も見たことがないにもかかわらず、図に見るような充分に了解できる笑顔をするのである。

表情は生まれてからの経験や学習によるものではなく、生得的なものであることについては他にも証拠がある。たとえば微笑という表情は生後四週間ぐらいで観察できるという報告がある。あるいは嫌悪刺激に対しては、大人と同じようなしかめ面をする。

また表情の文化差に関する研究が、ポール・エクマンらによって精力的になされた。その結果によると表情写真や映画を見て何の感情かを判断する調査において、文明化された社会の人たちの間には、判断に差異は見られず、また原始社会の人たちとの間にも差はなかった。また刺激を与えて表れる表情についても同様な比較調査をしたところ、文化間に差異は見られなかった。これらの事実から、表情とは環境の状況に対応してなされた動物の適応行動の痕跡であるといえるであろう。

赤ちゃんは周囲の人を自分にひきつけるための反応を生得的に備えて生まれてくる。ひよこの緊急時に発するピーという高い発声に対して、親鳥は敏感に反応する。人間でも赤ちゃんの独特の泣き声は、親を動かす。また大人からみて微笑と見える赤ちゃんの顔面筋肉の反応は、周りの大人にかわいいと思わせるためのものであると考えられている。これらの事実から、表情などの動きは本来心とは関係なく、環境に適応するための反応であり、心（感情）に先立つ動きであると考えてもよいであろう。

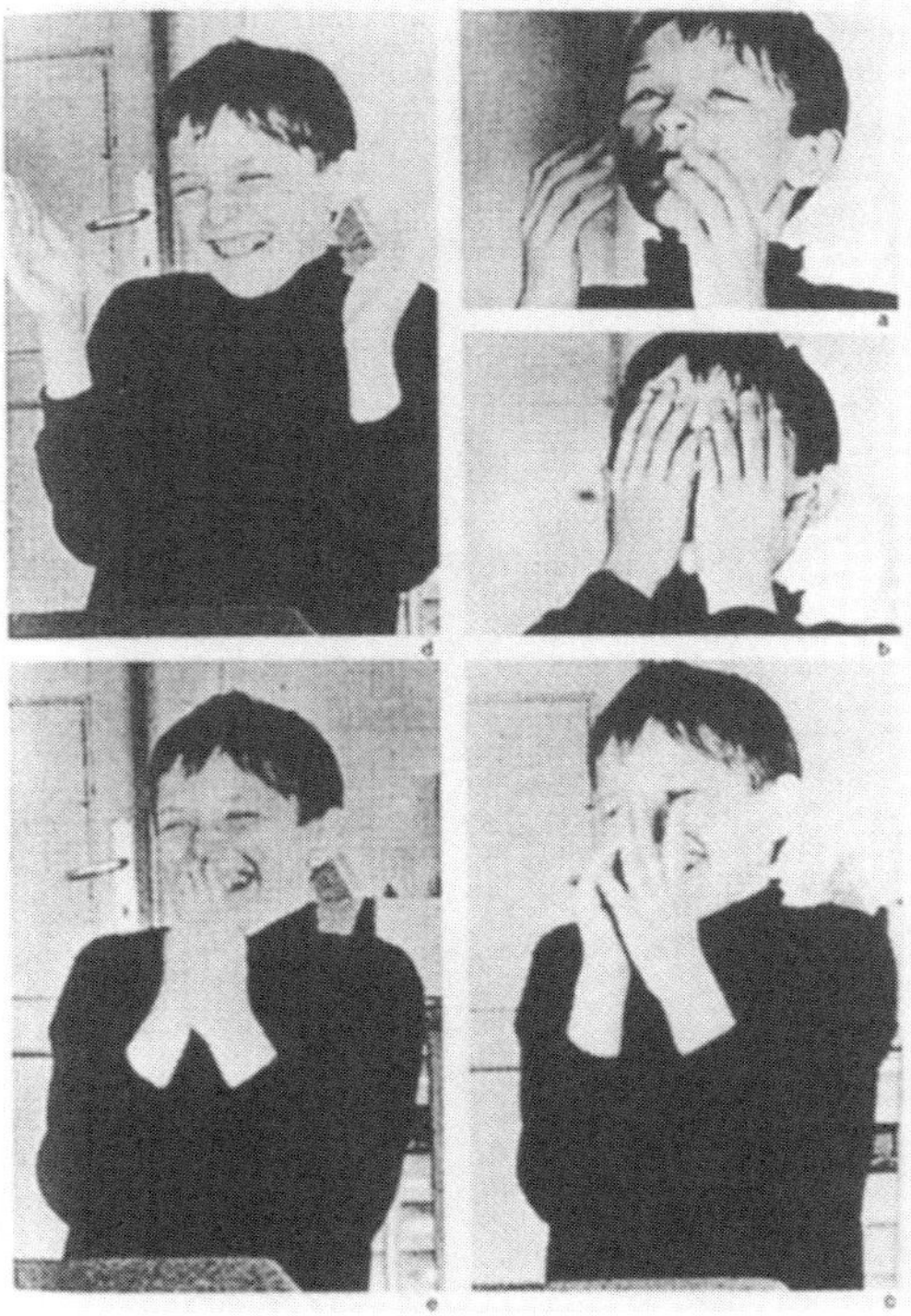

図4-1　先天盲の少年の表情

（アイブル＝アイベスフェルト『プログラムされた人間
—攻撃と親愛の行動学』平凡社，1977年）

ウィリアム・ジェームスの説

ウィリアム・ジェームスは彼の著書『心理学』において、感情と動き（反応）の関係について、常識とは異なる発言をしていることで有名である。

「われわれがこれらの粗大情動について考えるとき、自然な考え方は、ある事実の心的知覚が情動と呼ばれる心的感動を喚起し、この心の状態が身体的表出を惹き起こすと考えることである。私の説はこれに反して、身体的変化は刺激を与える事実の知覚の直後に起こり、この変化の起こっているときのこれに対する感じがすなわち情動であるというものである」（今田寛訳、『心理学　下』岩波文庫、一九九三年）。

そして次のように述べている。「われわれは泣くから悲しい、殴るから怒る、震えるから恐ろしい、ということであって、悲しいから泣き、怒るから殴り、恐ろしいから震えるのではないというのである」「われわれが森林の中で不意に黒い動く物影を見ると、心臓は鼓動を止め、即座に呼吸が止まる。しかも何ら明瞭な危険の観念が起こる暇のないうちにである。友人が断崖の端に近寄ると、彼が安全であることをはっきりと知っていて、墜落することなど想像もできないのに、誰でもよく知っている『ぞっとするような』感じを起こして後退りする」（同、p.204-206）。

これらの言説は、ジェームスが常識的発想である心すなわち感情や情動が起こった後に反応（動き）が生ずるとする考え方に対して、まったく逆の因果関係を考えていることを意味する。

ジェームスの言説に関しては、いまに至るまで論争が続いているのだが、これは項を改めてまとめることにして、ここではさらにジェームスの情動に関する考え方を見てゆこう。右の言説に続いてジェームスは大変興味深いことを述べている。

「さらに進んでここで私の説全体の最も重要な点を主張する。われわれがもし何か強い情動を想像して、次にその意識の中からその身体的兆候の感じをすべて抜き去ってみようとすれば、後には何物も残らないことを発見する」「動悸の高まりも浅い呼吸も、震える唇も力の抜けた四肢も、鳥肌も内臓の動揺も、これらの感じがまったく無いとしたならば、どんな恐怖の情動が残るだろうか、私にはまったく考えることができない」「もし自分が身体的に無感覚になったならば、激しい感動だろうが穏やかな感動だろうが、感動の世界とは無縁になり、単に認知的あるいは知的形式の存在を長らえることになるだろうと私には思われる」（同、p.209-211）。

これらの記述は、ジェームスが情動は身体的な変化、あるいは身体感覚なしには存在し得ないことを強調したものであると理解することができる。

アルバート・バンデューラの説

動きと心の関係を考える上で、非常に参考になるのはアルバート・バンデューラの「相互決定論（reciprocal determinism）」である。

この説を理解するためには、「レヴィンの公式」を知らなければならない。この公式は、B＝f（P×E）と表される。ここでBとは行動（動き）であり、Pは個人的要因で、認知などである。Eは環境の条件を意味している。すなわちこの公式はBはPとEの関数（f）であるといっているのである。PとEは原因（独立変数）であり、Bは結果（従属変数）である。要するに「行動」は、人の条件と環境の条件によって決定されるということである。この考えは常識的な考え方と一致している。

これに対してバンデューラはこれとは異なる考え方を示した（図4―2）。図の中のaは「一方向説」であって、レヴィンの説である。bは「部分的二方向説」であって、環境と人の相互的な関係の結果として行動が生まれるとするものである。たとえば物の知覚は単に環境にある物が目に映るということではないことが示されている。見ている人の欲求や予想のような認知が見え方に影響することは、知覚心理学で示されていることである。このようなPとEのダイナミックな関係の結果としてBが生ずるのである。

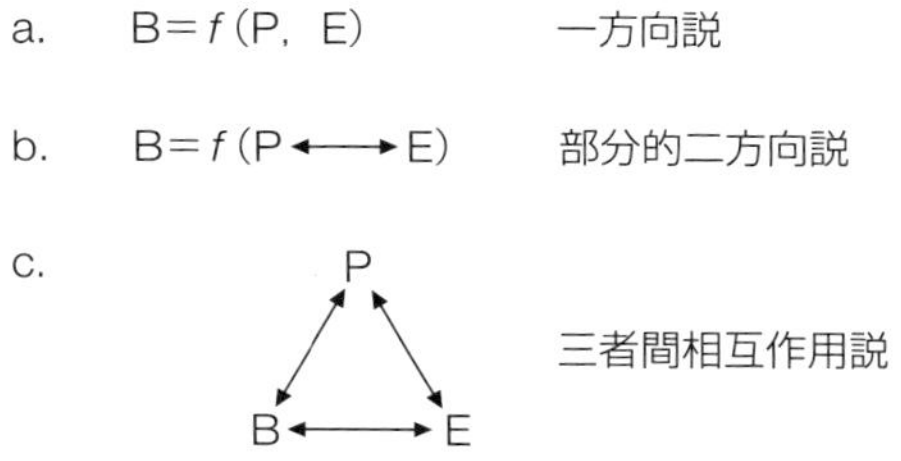

相互作用過程を示す３つの図式
B：行動, P：個人的要因, E：環境

図4-2　相互決定論

（A. Bandura "American Psychologist" 1978, 33, 344－358）

これに対してcの「相互決定論」はまったく異なったものである。aでもbでもB（行動）は結果であった。それは常にPとEという原因によって生ずるのであって、受動的なものであり、それ自体が積極的な意味を持たないものと理解される。しかし行動とはそのようなものでしかないのだろうか。たとえば時系列的に因果関係を考えてみよう。PとEの結果として行動Bが生じたとして、その行動Bが次のPやEに影響することは日常よくあることである。

たとえば障害物のために前進できないという結果が生まれたとしても、その障害物を取り除くという行動が環境を変化させ、その新しい環境が次の行動を生ずるということがある。あの人は付き合いにくい人だという認知からその人を避ける行動をしていたが、どうしても話をする必要ができて、仕方なく話をしたところ、実際は付き合いやすい人だったといったように、行動が認知を変えることもある。

このようにBとPとEは相互に原因となり結果となるというダイナミックな関係にあるというのがバンデューラの相互決定論である。この考え方は行動に関する従来の観念を変える画期的なものだった。認知や環境といった要因（独立変数）に対して、それらの結果（従属変数）でしかなかった行動の独立（独立変数）を宣言するものであった。

ジェームス説・バンデューラ説の立場

ジェームスの説は常識的な理解と異なるために、議論を呼んだ。これを批判する説として、生理学者のウォルター・B・キャノンの説がある。彼は、猫の末梢と中枢を切断する手術をしてから猫を脅かしたところ、恐怖と怒りの反応を示したとして、情動は末梢起源ではなく、中枢起源であるとした。この論争はいまでも決着がついたとはいえないのだが、最近は直接に中枢を刺激して情動を喚起することができたりするので、大方はキャノン説を支持するという流れになっているのではないかと思われる。

しかし、身体心理学では進化論的な見方から、動きから心を考える立場に立っている。これはジェームスの主張と一致することから、ジェームスのように、情動の起源を生理反応や動きに置く理論を根拠にしたいと思う。また、動きから心の状態を考えることを試みることから、動きと心の因果関係は、バンデューラの相互決定論の考え方に立って行うことにする。

ここまで筆者が述べてきたことは、現代人の〝常識〟と著しく異なると感じるかもしれない。確かに最近の脳科学の進歩は、人間のすべては脳に還元できるとの考えを流布してきた。この現状を無視するつもりはないが、人間は中枢だけではなく末梢も含んで成り立っている。末梢なしには存在し得ない。むしろ末梢の経験こそが脳を作り上げてきたのである。このことはすでに述べたように、進化の過程をみれば明らかであろう。

したがって、以下に述べることは、〝常識〟に反する現象を取り上げることになるが、このような考え方も、人間についての理解を広げ、豊かにするために必要なことであると筆者は考えている。

第5章　動きから心へ

動きから心の変化を起こす

動きの種類に関してはすでに第3章で述べたが、それぞれの動きが心とどのような関係を持つのかを見ていこう。

まず「反射」であるが、これは環境や心の状態によって変化する。逆に反射を原因にして心に変化を与えることは難しい。しかしある状況によって心拍数が上がった結果、気分に影響が及ぶということはありうる。たとえば高いつり橋を渡って心拍数が上がった男性は、渡った先にいた女性に対する好感度が上がったという実験結果がある。しかし生理的反射は意図的に動かすことができないので、動きを原因にして、心に影響を与えるというパラダイムには向いていないと思われる。

「行為」はどうであろうか。ここで述べる行為は意図や意志によって生ずる動きである。たとえばランニングハイといわれるように、マラソンを走って心に影響があるということもあるが、行為は心が主導している動きであるため、動きが原因となって心に影響を及ぼすというパラダイムにはそぐわないところがある。

これらに対して「動作」は行為よりは体の動きに重点があり、意図や意志による動きもあるが、前にも述べたように、反射的な性質も持っている。突然物が落ちてきたとき、とっさに手を上げてよけるといったことである。これは行為ではない。つまり動作は反射的な側面と意図的な側面を持っているといえる。したがって動作が原因で心に影響を与えるということはありうる。

表情などの「体動」としての動きは、すでに述べたように反射的で生得的である。たとえば、怒りを起こす状況に対する表情では眉間に皺がより、口角に力が入る。このパターンは文化が違っても同じなので、異文化の人間の間でも怒りの感情は通ずる。しかし表情は意志でもコントロールすることができる。悲しくても表情に出さないでこらえることができる。体動は反射的であり、なおかつ意志的な反応である。

動きが心に影響する事実を明らかにするためには、生理的な反応や意志的な反応が優位である場合は適当ではない。したがっていま述べてきたように、反射と意志の両方が働いている体動や動作が適しているといえる。

反射でもあり、意志的でもできる反応

体動や動作が反射的な側面と意志的な側面とを持っていると述べてきたが、このことを前に述べたスキナーの反応に関する理論で考えてみよう。スキナーは生理的な反射を**レスポンデント反応**、意志的な反応を**オペラント反応**とし、二つに分類した。

これらはわかりやすい分類だが、詳細に観察してみると、この分類は単純すぎるところがある。確かに心拍は反射で、意志では動かすことができない反応であり、一方、料理を作るといった意図的な反応は複雑なので、反射とは異なる。しかし、なかには反射でもあり、意図的な反応もできるといった反応が存在することにも注目する必要がある。

動作や体動と称している反応には、両方の反応ができるものがある。したがって、このような性質を持った反応は、レスポンデント反応やオペラント反応と区別して分類する必要がある。ここではそれを**「レスペラント（resperant）反応」**と称することにする。これはレスポンデント（respondent）とオペラント（operant）の合成語である。

レスペラント反応（反射／意志的反応）は、もともとレスポンデント反応であるが、一方でオペラント反応もできるという、両方の性質を持った反応であるということである。この両方の反応は別々に反応することもあるが、両者が混在して反応することもある（表5―1）。

典型的な反応として、後でも触れる「呼吸反応」を例にして説明してみよう。呼吸反応はもともと反射（レスポンデント反応）である。睡眠中は反射で反応している。一方、ラジオ体操をやって深呼吸をするときは、明らかに意図的、意志的な反応（オペラント反応）になる。このように呼吸は、明らかに異なる二つの反応ができる。ちなみに心拍反応はこの

分類	内容
レスポンデント反応 (respondent response)	生理的反射 無意志的，無意識的反応 内臓系の反応
オペラント反応 (operant response)	意図的反応 意志的，意識的反応 筋骨格系の反応
レスペラント反応 (resperant response)	反射と意図的反応の両方を含む 反射(無意志的反応)と意志的反応の両方が含まれている 主として筋骨格系の反応

表5-1　スキナーの用語にもとづく反応の分類

ようなことはできない。

しかしマラソンのときの呼吸を考えてみると、両方の反応を区別することは難しい。苦しくて意志的な呼吸になっている部分と、反射的に激しい呼吸になっている部分とがあるだろう。このようにレスペラント反応は両者が区別しがたく混在することもある。

レスペラント反応は、いわば体（レスポンデント反応）と心（オペラント反応）の両方にまたがった反応であるために、体と心に影響を及ぼすことができるという重要な反応群であるといえるだろう。

レスペラント反応の種類

ではレスペラント反応にはどんな反応があるだろうか。以下にあげる反応がすべてとは言えないかもしれないが、レスペラント反応として重要な反応群であると考える。

①「**呼吸反応**」

すでに述べたので繰り返さないが、これはレスペラント反応（反射／意志的反応）の代表的なものであり、最も重要な反応である。

②「**筋反応**」

筋反応とは筋肉の緊張と弛緩の反応である。ここで注意したいのは、動作をするときの筋反応との区別である。動作をするときの四肢の反応は意志的であるため、オペラント反応である。ここで言っている筋反応はそれとは異なる。たとえば突然犬に吼えられたときに、私たちは身を硬くするが、これは反射（レスポンデント反応）である。あるいは四つ角で出くわした自転車を避ける飛びのく動作（筋緊張）も反射であるといってよいだろう。一方筋反応は意識的、意志的にも反応をすることができる。たとえば手を握り締めて腕に筋緊張を入れることができるが、これは意志的反応（オペラント反応）である。このように筋反応は両方の性質を持った反応であるといえる。

ちなみに筋反応のこの性質は、緊張に関しては感覚としてよくわかるが、弛緩反応に関してはわかりにくいところがある。弛緩は感じにくいところがあるからである。風呂の中での温かい湯の刺激やマッサージという刺激に対して筋弛緩反応が見られるが、これは反射である。しかし訓練によって意識的に弛緩をすることもできる。弛緩にも両方の性質があるといえる。

③「**表情**」

「表情」も反射（レスポンデント反応）、意志的反応（オペラント反応）両方の性質を持っている。すでに述べたように、動物の表情と同じように人間の表情も生得的、反射的な性質を持っている。しかし誰でも経験しているように、表情は意識的、意志的にもコントロールすることができる。

④「**発声**」

あまり意識されていないが、「発声」も反射／意志的反応（レスペラント反応）に分類できる。突然怖いものに出会ったときに、私たちは悲鳴をあげることがあるが、これは反射（レスポンデント反応）である。驚いたときにも声をあげるが、これも同じである。しかしどちらかというと一般に発声は意志的反応（オペラント反応）と思われているように、発声は両方の性質を持っているといえる。

⑤「**姿勢反応**」

「姿勢反応」も反射／意志的反応（レスペラント反応）である。姿勢は単純な反射ではないが、状況や環境に応じて無意識的、無意志的になされていることを考えると、反射（レスポンデント反応）といえるだろう。そして当然意識的、意志的に姿勢をとることもあるので意志的反応（オペラント反応）でもある。つまり姿勢反応は両方の性質を持っているといえる。

⑥「歩行反応」

「歩行反応」は動作といえるものであるため、意志的反応（オペラント反応）であると判断しがちであるが、よく考えてみると元来歩行における左右の足の運び（体重の移動）は反射（レスポンデント反応）である。私たちはふだんいちいち意識して歩いてはいない。歩幅やテンポやリズムはその時々に応じて、無意識的にとられている。しかし当然ながら意識的、意志的に変化させることもできる。したがって歩行反応はレスペラント反応に属するといえる。

⑦「対人距離反応」

いままでの反応とやや異なるが、対人関係の中で行われている反応に、「対人距離」の問題がある。これは人と人との間にとる空間のことである。他者と対峙するとき、人はある程度の距離をとる。あまり近づきすぎると不快に感じるものである。このように対人距離には生得的な性質がある。通常は状況に応じて無意識的に距離をとっているが、親密な話をしようというときには、意識的に近い距離をとるように、意識的、意志的に距離をとることもある。したがって対人距離は両方の性質を持っているので、レスペラント反応であるということができる。

⑧「**対人接触反応**」

次に「対人接触反応」がある。この反応は対人距離がゼロの場合である。勝手に他者に触れることができないことは誰でも知っていることであるが、この反応はかなりはっきりとした生得的で反射的な性質を持っている。特に成人の異性間においてはこのことは顕著である。しかし緊急事態で人を抱き起こしたり、あるいは職業的に医師や看護師あるいはマッサージ師は意識的、意志的に触れることもできる。このように対人接触反応もオペラント反応とレスポンデント反応の両方の性質を持っているので、レスペラント反応であるといえる。

動きに影響される心は何か

先に述べたように心を大まかに認知と情動・気分とに分けたときに、動きが関係を持つ心の側面は何であろうか。行為を始めすべての動きは、心のいろいろな側面と関係を持つことが想定できる。

たとえば怖いと思っていた人でもお付き合いすること（行為）で、その人に対する気持ちや考え（心）が変わることはよくあることである。しかしここで取り上げたい動きは、右で述べたレスペラント反応群についてである。たとえば内臓の反射が心に影響を与えることはあまり考えられないが、呼吸についていうと、焦りを感じているときに意志的にゆっくり呼吸をしてみることによって、気分が落ち着くということはよく経験することである。呼吸がレスペラント反応であるために、動きが気分に影響を与えることができる例である。しかしゆっくり呼吸をするということが、認知に直接影響を与えるということはあまり考えられない。

このように動きと心の関係を考えるとき、興味の焦点はレスペラント反応と気分・情動との関係になる。このことはダーウィンやジェームスが取り上げた動きと情動との関係に関する議論とも重なる。彼らの議論は、ここでいうレスペラント反応と気分・情動との関係についてのものだったのである。

次の章ではレスペラント反応と気分・情動との関係に関する研究を紹介してゆくことにする。動きを操作することによって、心（主として気分・情動）が変化することを実証する諸実験の例である。これに関するデータは多数あるが、ここでは主として筆者が関係した実験例を紹介してゆきたい。

第6章　レスペラント反応と生理・心理との関係

1　呼吸について

呼吸の特質

呼吸は人間が生きるためには絶対に欠かせない反応である。食物ならば一ヵ月ぐらい食べなくても死ぬことはないし、水でも数日は耐えることができる。しかし呼吸は数分できないと死んでしまう。それほど重要である。

そのために先にも述べたように、呼吸反応は二重の回路によって維持されている。一つは自律的な反射として自動的になされている。息を長い間止めていられないのは、この反射作用のためである。しかし意志的な反応もできる。心を落ち着けようとして、意識的、意志的に深呼吸したりする。

しかし日常的になされている呼吸は、どちらか明確には判別できない。ベースは反射であっても、状況に応じていちいち意識しなくても、意志的反応を含んでいるのが実情であろう。このような呼吸は、たとえば同じ生理反射で行われている心臓と比較してみると際立っている。心臓は意志ではコントロールできないし、その他の臓器の反応もほとんどは反射であって、意志で働かすことはできない。

心と内臓の関係については、たとえばストレスが長く続くと心理的な緊張が生じ、胃腸の活動に影響して胃潰瘍が生ずるといったことがある。同じように大部分の内臓は心の影響を受けているが、そのメカニズムは複雑でまだ完全に解明されているわけではない。このような心と体の関係は心身医学として最近注目されており、興味深いテーマであるが、これは心が内臓反射に影響するということなので、身体心理学が取り上げる課題ではない。

呼吸反応と、生理現象や心理現象は相互に関係する。呼吸反応をすることで、それによって生ずる感覚や気分があり、その心理的状態が逆に呼吸反応を変え、生理状態にも影響する。

同じように生理状態が呼吸反応に影響することもあるだろう。たとえばストレスが続くと、振幅の小さい浅い呼吸になりがちである。このような反応は息苦しさの感覚や緊張感を生ずることになる。これは別の言い方をすれば、ストレスという状況が心理的な緊張を生じ、それが呼吸を浅くし、その結果生理状態にも影響するということである。どれが最初の原因であるかは、そのときの状況によるが、現実では直線的な因果関係では捕らえられない。このように反射／意志的反応（レスペラント反応）と、心と体の関係はトライアングルの関係にあることを改めて強調しておきたい。

呼吸とは、肺臓を取り巻く筋肉の動きであると言い換えることができる。呼吸が意志的な反応ができるのは、肺臓の運動が横紋筋によるためだ。他の臓器の動きは平滑筋によるので自動的な動きとなる。ただし心臓は例外で横紋筋だが自動的な動きである。

心臓と肺臓の違いを神経支配の観点からいうと、心臓の動きは、自律神経系によっているが、肺臓の動きは体性神経の支配下にあるということになる。他のレスペラント反応にも共通していることであるが、呼吸反応はこのような解剖学的、生理的な性質を持っているために、意志を働かすことができるのである。

「呼吸法」が成り立つのも、そのためである。意志の働かない心臓では「心拍法」は成り立たない。呼吸という動きを意志的に操作することで、心の状態や身体の状態に影響を与えることができることが実証されている。以下にこのことについて述べよう。

呼吸法の属性

呼吸は生理的な反射という限界はあるものの、意志的に操作できるために、呼吸が持つさまざまな属性を操作して、呼吸の仕方を構成することができる。

呼吸（息）にはさまざまな性質がある。これらの中で呼吸法に関係のある属性について、若干の説明をしておこう（春木豊・本間生夫『息のしかた』朝日新聞社、一九九六年）。

まず、「**呼息―吸息**」は、呼吸の基本属性である。呼吸と書かれるように空気を吐いたり、吸ったりしている。日常では意識することはあまりない。魚は水から酸素をとるため、鰓で水を吸ったり、吐いたりしている。人間は肺を動かして空気を取り入れたり、出したりしている。これは血中に酸素を取り入れ、血中の炭酸ガスを出しているのである。この呼と吸という運動は止まることはない。呼吸法では特に呼息が重視される。

「**胸息―腹息**」とは、空気を取り入れるための肺の運動の相違である。胸息は肋骨の動きを支配している筋肉（主として肋間筋）の運動である。一般に考えられている呼吸は肋骨を動かす呼吸であろう。ラジオ体操で最後に行う深呼吸のイメージはこの呼吸である。腹息は横隔膜の運動による呼吸である。この運動により、胸郭の容積を変えて空気の出入を行う。腹に空気が入るわけではなく、横隔膜の運動をすると腹が膨らんだりへこんだりするので、この呼称がある。二つの呼吸を比較したとき、腹息のほうが胸息より、換気量が大きいといわれている。

「**順息―逆息**」とは、やや複雑な呼吸の属性であるが、横隔膜呼吸である腹息に関係している。腹息は通常は息を吸ったとき、腹が膨らみ、吐いたときには腹がへこむのであるが、これを順息という。しかしこれと逆に、吸ったときに腹がへこみ、吐いたときに腹が膨らむ呼吸を逆息という。逆息ができるようになるには、若干の訓練を要する（後にその方法を説明する）。

「**長息**—**短息**」とは呼息の仕方である。急に短く吐くのを短息といい、長く吐くのを長息という。

「**深息**—**浅息**」とは、呼吸筋の問題である。呼吸筋の運動を最大限にさせるのが深息であり、一般に深呼吸といっているものである。逆にその運動が小さいのが浅息である。肺活量に関係する。

「**鼻息**—**口息**」は空気を出入させる通路の問題である。鼻であれば鼻息となり、口であれば口息となる。空気の吸入通路が二つあるということは、やはり呼吸の重要さを表しているといえるだろう。鼻が詰まったときには、口からも入れられるというバックアップシステムがあるということを意味する。一般には吸息は鼻で、呼息はどちらでもよいとされている。

「**速息**—**遅息**」は呼吸のリズムのことで、速いリズムが速息、ゆっくりしたリズムが遅息である。

これらのさまざまな属性は独立したものではなく、相互に関連している。たとえば速息

―遅息はどうしても、深息―浅息と関連する。深い息をすればリズムは遅くならざるを得ないので、遅息となりがちである。ただし意識的には分離はできる。

呼吸法の三原則

昔から呼吸法として推奨されてきたのは、いわゆる「丹田呼吸法」（腹式呼吸法）といわれているものだが、これはいま述べた属性に従うと、「呼息」「腹息」「長息」である。これは日本において、坐禅、武術、芸能の世界で共通に指摘されてきたことである。なぜこの条件が重要なのか、明確な説明がなされているわけではない。いずれも経験的、体験的にこの結論に至っている。

これに関する科学的なデータに基づく議論は現在のところ充分ではないが、以下の項でそのいくつかのものを紹介する。ここではとりあえず推測に過ぎないが理由を述べておこう。

この呼吸の三条件は、体の健康にとって好ましいものである。まず呼息であるが、普通は空気を取り入れるためには、吸うことを先に考える。しかし肺になるべくたくさん新鮮な空気を取り入れるためには、肺が空になっていることが必要である。中途半端に呼気をして、肺に残留した空気があると、充分な換気ができない。肺を空にするためには、吸気の前に充分呼気をしておかなければならないというのが、呼息を優先に考える理由である。

次の腹息は胸息に比べて、肺活量が大きくなり、酸素の吸入量が多くなる。

また、たくさん息を出すためには、短い呼気で一気に出すこともあるが、長息のほうが多くなる。

呼吸法の持つ心に対する効果についてはどうだろうか。呼吸は次項で述べるデータからもわかるように、心理に対する効果があることが重要な点である。

腹息は胸息に比べて、落ち着きをもたらす。心がせいているとき、緊張のあるときに人は胸呼吸になり、呼吸が浅くなる。これはいわゆる「気が上がった」という状態である。呼吸は常に胸（肋間筋）呼吸と腹（横隔膜）呼吸の両方でなされているのであるが、意識的に腹息にすると、「気を下げる」ことができる。緊張した状態を緩和することができるのである。

吸気は興奮の気分を起こすが、呼気は沈静の気分を起こす。生理学的には呼気のほうが、副交感神経が交感神経より優位になるとされる。このことは心身にリラックスをもたらす。

いわゆる丹田呼吸法は、少し訓練を必要とするが、鳩尾《みぞおち》を緩めて呼気を長くすると深い沈静感を体感することができる。逆に興奮したいときには、短息がよい。ハッと一気に強く吐ききるような呼気をすると、気分が勢いづく。さまざまな掛け声にはこのようなものが多い。

呼息、腹息、長息が推奨されるのは、心を落ち着かせ、気力を充実させるための方法として、有効だからである。これらは呼吸反応が生理や心理に対して効果をもたらすという事実を示しているといえる。

心の状態が呼吸に及ぼす効果

繰り返し述べてきたように、動きと生理と心理は自然状態ではトライアングルに相関した関係にある。したがってどれが原因でどれが結果であるといったことは、人為的に決めている。

以下で述べている実験的な検証は、科学の方法論に従ってなされているため、原因をあらかじめ設定し、その結果を見るといったパラダイムをとっている。科学的な検証では、因果関係で見るしかないからだ。そこでこれから紹介する研究では、心を原因に特定して、呼吸を結果としてみるパラダイムと、呼吸を原因に特定して、生理現象や心理現象を結果としてみるパラダイムというように両面から見ていくことにする。

梅澤章男が行ったのは、心理状態と呼吸反応の関係を示した興味深い実験であった。彼は、心の状態として、被験者にストレスとなる作業をしてもらい、そのときの呼吸の状態を見るという実験を行った。

作業としては被験者に順次、やさしい加算作業→難しい加算作業（ストレス）→やさしい加算作業→交通マナー教育の映画を見る→交通事故の映画を見る（ストレス）→交通マナー教育の映画を見る→二〇度の水に手を入れる→四度の水に手を入れる（ストレス）、といったことをやってもらった。各課題作業の間には安静期間が置かれた。呼吸の変化の状況はこの安静期間と作業期間との比較で見る。呼吸は呼吸の時間、吸気の時間、呼気の時間、呼気後吸気に入るまでの間（ポーズ）の時間について観察された。

分析の結果、一般的に作業をすると、安静時よりも呼吸の時間が短くなる傾向が見られたが、特に興味深いことは、冷たい水に手を入れるストレス刺激において、呼気が長くなり、呼気後のポーズ時間（吸気に入るまでの間）が短くなることであった。呼気後のポーズ時間が短くなることは加算作業においても顕著に見られた。これはストレス状況（つまり緊張状態）になると息せく状態になり、ゆったりとした呼吸ができないということである。特に呼気後のポーズ時間が短くなることには注目したい。

低温刺激によって生ずる生理的な感覚と心理的な緊張は、呼吸に影響を与え、呼気と吸気の間（ポーズ）を短くするのである。この事実は呼吸法にアイデアを提供することになる。すなわち心理的な緊張状態になったときに、落ち着きを取り戻すためには、ゆっくりとした呼吸、特に呼気後のポーズ時間を長くすればよいということになる。

生理と心理と動きは同時的であるとの考えから、この場合は呼吸を操作することによって、心理や生理に影響を与えられるということである。この可能性については次の実験的事実によって確かめられている。

呼吸が生理に及ぼす効果

呼吸の状態と血圧や心拍といった生理状態が密接な関係にあることは多くの研究によって示されている。筆者らが行った研究を取り上げてみよう。筆者と石川利江は丹田呼吸法を行うことの生理的、心理的な効果を観察した。丹田呼吸法は明治時代に藤田霊斎が開発したもので、現在は調和道協会において普及活動が行われている。正式なプログラムは、かなりの訓練を要する。

筆者らが行った実験では、この呼吸法の特徴である臍の上の線で前屈するという方法(腹式呼吸)を取り上げ、短息では前屈しながら急速に呼気をする方法と、長息では前屈しながらゆっくりと長く呼気をするという二つの呼吸法を行った。比較のために深呼吸も行った。

これらの呼吸法を練習した後、実験では一セット六回反復し、それを三セット行った。実験前に一回目の測定として、血圧、心拍数を測り、心理テストとして気分評定票のチェックをした。そしてそれぞれの実験直後に、二回目の測定をした。そして五分休憩をし、その後に三回目の測定をした。

その結果、実験前と後では、いずれの呼吸法でも血圧が下がるが、長息で最も下がり方が大きいことがわかった。さらに他の呼吸法では時間と共に血圧は元に回復してしまうが、長息は効果が持続した。心拍数についてはどの呼吸法でも実験後に上昇し、五分間の休憩によって急速に低下した。

この結果から、長い呼気が血圧を下げるのに効果的であるということがいえる。また、ゆっくりとした呼気が生理的安定をもたらすこともいえるだろう。生理学的には呼気によって副交感神経が優位になるためと解釈される。

坂野雄二らが行った研究は興味深い。この実験では、ストレス課題をさせられた後、自分の通常のペースで呼吸をする被験者とそれよりも三分の一のゆっくりとしたペースで呼吸する被験者とに分け、さらに、これらと比較するために呼吸から気をそらすための映画を見せられる被験者とに分けられた。そしてその効果は、心拍数と肩の部分の二点閾値《いきち》で測られた。二点閾値とは同時に二点を刺激されたとき、二点だと知覚できる最小の距離のことである。筋弛緩が生ずると、この値が小さくなるといわれている。この実験の結果によると、ゆっくりと呼吸をした被験者の心拍数の低下の割合が、他の被験者より大きかった。ストレス作業で上がった心拍数がゆっくりした呼吸によって、安定化しやすいということになる。ここでもゆっくり呼吸の生理的効果が示されたといえる。

二点閾値については、ゆっくり呼吸と通常の呼吸の両方の群で、比較群（映画を見た被験者）に比べて閾値の減少率が大きかった。これについては、ゆっくり呼吸の効果のみでなく、通常の呼吸でも効果があったので、呼吸を意識的にすることの効果であるといえる。この結果は呼吸と筋弛緩とが関係していることを示唆する興味深い結果であるといえる。

呼吸が生理指標に与える影響については、皮膚電気反射や指尖《しせん》容積脈波などで研究されているが、たとえばA・R・アイセンらは、心拍数と呼気終末二酸化炭素（$PetCO_2$）の量を測定している。ゆっくりとした呼吸と速い呼吸とで比較したところ、ゆっくりとした呼吸では心拍数が下がり、$PetCO_2$の値が上がった。ストレスがあるとこの値は低下するといわれているので、ゆっくり呼吸によって生理的緊張状態が改善できることが示されたといえる。

以上のような研究から、呼吸法が生理状態に効果をもたらすことは明らかである。特に長い呼気がストレス状態の生理に安定の効果をもたらすということは注目に値する。ここで先ほど紹介した梅澤の研究と照らし合わせて考えてみると、ゆっくりとした呼気、あるいは呼気後、すぐ吸気に移るのではなく、吐ききった後、しばらくそのままでいるというポーズのある呼吸法が、生理的安定に効果をもたらすという仮説は重要である。

呼吸が心理に及ぼす効果

先に述べた筆者らの丹田呼吸法の実験においては、心理指標についても検証を試みた。つまり気分の調査だが、たとえば「落ち着いた—興奮した」「くつろいだ—緊張した」といった気分を表す対になった言葉を示し、その間を一〇段階で評価してもらったのである。

この結果、長息（長い呼気）の実験をすると、短息や深呼吸のときよりも、落ち着いた気分、くつろいだ気分になる傾向が大きかった。この結果は腹式呼吸で長い呼気をすると、リラックス効果がもたらされるということを示している。

鈴木平らは意識的に呼気を長くすることによって、「タイプA性格」の特徴である怒りやあせる気持ちの改善に効果があるかどうかを調べた。タイプA性格とは心臓疾患に親和性が高いといわれている行動傾向の持ち主であり、「怒りやすい」「あせりを感じて落ち着かない」「時間的切迫感を持ちやすい」といった性格のことである。このような性格の人たちを被験者にして実験を行った。

実験では、タイプA傾向を増大させるために加算作業を行わせてストレスを負荷した。そのとき長い呼気を行わせた被験者とそれをさせない被験者とでタイプA傾向の程度に違いが生ずるかどうかを見た。

結果は長い呼気を行うと「時間的切迫感」や「あせりを感じて落ち着かない」といったタイプA傾向が低くなることが見られた。ストレス事態に直面したとき、タイプA的な心理状態にならないための方法として、呼吸法は簡便で有効であるといえるだろう。

J・N・ハンらの研究は、若干異なった立場の研究である。呼吸障害の一つに「過呼吸症候群」といわれているものがある。これはストレス事態などで、過剰な呼吸反応を起こしてしまう症状である。ハンらは、この治療法として呼吸法に注目したのである。

過呼吸症候群の患者たちを被験者にして、セラピストが生活上のストレスと過呼吸の苦しみの関係を説明し、呼吸の仕方を変えると楽になるという話をした。そして呼吸法として胸呼吸ではなく腹呼吸をし、また呼気をゆっくりするようにと説明した。一回に四五分の訓練を二～三ヵ月間に一七回実行してもらった。そして呼吸のパターンや不安尺度や生活上のさまざまな不満を調べるテストを行った。

その結果、主観的に状態が改善したレベルに応じて、不安尺度における状態不安（現在の不安の程度）が改善し、生活上の不満が著しく減少した。この減少の程度は呼吸パターンの改善の程度と相関していた。

以上のような研究の結果は、呼吸という反射／意志的反応（レスペラント反応）が、体と心に影響を与えるということが、事実であることを示している。いま述べてきた研究は、科学的な因果関係のパラダイムに基づいてなされているが、反応（動き）と体と心は相互にダイナミックな関係にあることを忘れてはならない。ここでは心の状態が呼吸に影響し、呼吸の状態が心や生理に影響することを示した。

2　筋反応について

動物の基本である筋反応

すでに述べてきたように、心は動くことから生まれた。常識的にいって、ミミズのような下等な動物に心があるとは思えない。しかしミミズは常に動いており、環境状況に応じて移動する。土を掘り返すとミミズが出てくるが、あわてて（そのように見える）光を避ける方向に逃げてゆく。

しかしミミズが人間のように危ないと思って逃げているわけではないことを考えると、これは神秘的な現象という他ない。生物学（あるいは動物行動学）では、それは本能とか反射によって起こると説明するが、なぜそのようなことができるのかやはり不可解ではある。

こう考えると、動くことは動物が生きていく上での基本的属性である。その動きは下等動物においては、どのような体の組織でなされているのだろうか。人間を含む高等動物においては、筋肉組織が行っている。動くためのメカニズムはさらに神経組織などが加わり複雑であるが、なんといっても動きの基本は、筋肉の緊張と弛緩である。これに骨格などが関与することによって、移動が可能になる。筋肉の緊張と弛緩は、筋肉を持つ高等動物にとって、生命を維持するための基本的属性である。

レスペラント反応としての筋反応

呼吸反応と同じように人間の筋反応は本能的で反射的な性質を持っている。下等動物に起源を持ち、進化とともに伝わってきた性質であろう。たとえば歩いているとき、突然犬に吼えられて、身をすくめるといった反応をするが、これは危険に対する反射的な防御反応である。そのとき筋肉が緊張するのを感ずるはずだ。このときの筋反応は筋反射といってもよいほど、高等動物や人間にとって本来的なものであり、レスポンデント反応である。

一方筋反応は意志的側面も持っている。スポーツで準備運動としてストレッチをしたりするが、これは意志的に筋肉の筋を伸ばすというオペラント反応である。ストレッチが筋肉の弛緩になるのかどうか疑問のところがあるが、筋を伸ばすことによって、緊張の後に弛緩をもたらすものともいえる。肩を上げて緊張させ、すとんと落とすことで、弛緩を感ずるということはよくやることである。ここで問題にしたいことは、肩を上げたときに感ずる肩の緊張であり、すとんと落としたときに起こる弛緩である。このように筋反応は、呼吸と同じようにレスポンデント反応とオペラント反応の両方ができるので、レスペラント反応（反射／意志的反応）といえる。

しかしここで注意をしておきたいことは、筋反応がレスペラント反応であることを意識できるのは筋緊張のときであって、筋弛緩についてはかなり難しいということだ。たとえば、温泉に入ったとき、筋弛緩をするかもしれない。あるいはほっとしたとき、筋弛緩を意識できるときもあるが、実際には感じにくいものである。筋緊張は簡単にでき、筋弛緩ができにくいのはなぜなのか、これもミステリーの一つである。

おそらく筋弛緩は何もしないときの自然な状態であるが、いわば完全な筋弛緩は筋緊張がゼロの状態だが、ゼロ以下の筋弛緩はない。筋緊張がすべてゼロになると死んでしまうからである。したがって筋弛緩を感ずるためには、緊張を入れてからでないと感じにくいということなのであろう。

日本に多い筋弛緩法

筋反応は意志でもコントロールできるので、筋弛緩法が成り立つ。ところが筋緊張については、たとえば手をぐっと握り締めて、腕全体を簡単に緊張させることができるが、筋弛緩は難しい。呼吸法では長呼気による心身の沈静と短呼気による心身の興奮というように、興奮と沈静の両側面を使い分けることができるが、興味深いことに、筋反応に関しては緊張と弛緩を含めた筋反応法ではなく、一般的に「筋弛緩法」といわれるように、弛緩のみを問題にしている。これはいま述べたように緊張は簡単にできるので問題とせず、弛緩が困難なために強調されているのかもしれない。

筋弛緩法として、歴史的に知られているのはエドモンド・ジェイコブソンの「漸進的弛緩法」（『積極的休養法―リラックスの理論と実際―』創元社、一九七二年）である。体の各部分を順次弛緩してゆくようにプログラム化されている。横臥の姿勢をとり掌を下にして、両手を床に置き、左右どちらかの片手から始める。手首を持ち上げて、前腕部に緊張を感じたら静かに下げて、そのときの緩んだ感じを感じてみるのである。筋弛緩を感じるためには、一度緊張を入れて緩めることによって感じるという手順をとる。

このようにして、順次他の部分に移ってゆく。たとえばひじを立てて上腕部を緊張させ、次に緩める。両手のあとは足首を立てたり、下げたりして下腿の緊張、弛緩を感ずる。椅子に横になり膝を支点にして片足を上げたり下げたりすることによって大腿部の緊張、弛緩を感じるようにする。次にお腹を引っ込めることで腹部の緊張、弛緩を感ずる、また体を引き上げることで、背部の緊張、弛緩を感じる。さらに左右へ首を曲げる。そして最後は顔面の緊張・弛緩で、まぶたや口の開閉を行う。詳細は省略するが、このようにして全身の各部分の弛緩をさせることが、ジェイコブソンの漸進的弛緩法である。これは心理学の領域でよく知られている。

日本を始めとして、インドや中国では、古くからヨーガや気功といった方法があり、これらは実際に筋弛緩をもたらすものである。日本では筋弛緩そのものを求めた方法が創作されている。その一つは野口三千三《みちぞう》が試みたいわゆる「野口体操」がそれである。具体的な方法は野口の『原初生命体としての人間』（三笠書房、一九七二年）とその弟子である羽鳥操の『野口体操入門』（岩波書店、二〇〇三年）に見ることができる。

元は体操から出たものであるが、体を操るためには全身の弛緩が基本となることに気づき、全身を重力に任すことを目指したのである。たとえば第11章で具体的に説明するが、代表的なものの一つとして、腰で上体を前屈して、上体を重力に任せておく「上体のぶら下がり」という方法がある。

野口晴哉《はるちか》は独自の整体法を開発したが、そのうちの愉気《ゆき》や活元《かつげん》運動と称した方法は、やはり筋弛緩をもたらすものである。活元運動は意志的な体の動きではなく、自然に動き出すまで待つ。動きが起こるためには、すべてを投げ出す気持ちが必要である。個人差があるが、自然に動き出したら、動きに任せるようにする。同じようなものとして気功法における自発功をあげることができる（『整体入門』ちくま文庫、二〇〇二年）。

また高岡英夫が「ゆる」と称している体の各部分をゆするようにする動きも、筋弛緩を目指したものであろう（『「ゆる」身体・脳革命』講談社＋α新書、二〇〇五年）。このように日本において筋弛緩の試みが盛んであるのは大変興味深いことである。

筋弛緩は筋弛緩という動きがあるのではなく、あくまでも筋緊張をゼロに近づけることであるから、本来は何もしないことである。しかし生物は重力に抗して体を保つ必要があるので、体の各部分には筋緊張は常になければならないものである。

再び野口体操の上体のぶら下がりを考えてみよう。腰から下は重力に抗して体が立っていなければならないので、当然筋緊張がある。これに反して上半身は足に支えられてぶら下げることができるので、重力に任せることができ、筋緊張から解放することができる。この結果上半身の筋弛緩を感ずることができるのである。

人間は重力はもちろんであるが、さまざまな生活上の動きによる筋緊張を常に余儀なくされ、また精神的なストレスによる筋緊張も避けることができない。したがって積極的な筋弛緩の試みが必要になってくるのである。

筋弛緩とは何もしないことだとすると、筋弛緩のためには体を使わずに、イメージを用いるという方法も考えられる。実際にイメージ療法といわれているものがあるが、これはしばしば心のリラックスのために使われている。たとえばよく使われるものの一つに、「野原のイメージ」がある。晴れた暖かい日に、野原に寝そべっているイメージである。このときに快い気分が得られれば、心がリラックスした状態であるといわれている。こうしたときは同時に筋弛緩も生じていると考えられる。

もう少し体に近いイメージ法として考えられるのは、「自律訓練」である。「腕が重たい」「腕が温かい」といった自己暗示によって重感や温感を感ずると共に、筋弛緩が生じているものと考えられる（佐々木雄二『自律訓練法の実際』創元社、一九七六年）。

筋弛緩法により免疫力アップ効果

筋反応が生理状態や心理状態にどのように影響するかという研究は、ジェイコブソンの漸進的弛緩法を用いたものが多い。筋弛緩を訓練した後、その生理や心理に対する効果を調べるというパラダイムの研究がなされている。心理状態が筋反応に及ぼす効果の研究も重要であるが、ここではこれは省略して、筋弛緩が心理や生理に及ぼす効果について述べよう。

L・A・パロウらは、健常者の被験者に簡単な漸進的弛緩法をやってもらいその直後に効果を調べた。まず始めにシュピールバーガーの不安尺度とストレス状態を調べる尺度に回答してもらい、さらに現在のリラクセーションの程度も一〇段階でチェックしてもらった。また生理的検査として、心拍数を測り、唾液も採取した。これらの事前テストをやった後に、実験群の被験者には筋弛緩法の訓練を二〇〜二五分間行った。そして五分後に事後テストとして再び同じ心理と生理のテストを行った。比較として筋弛緩法をやらないで静かに座っているだけの被験者（比較群）を設け、同じようにデータをとった。

その結果、漸進的弛緩法をやった実験群の被験者は、不安、ストレスを感じている程度の両方が下がり、リラクセーションの程度は上昇した。比較群の被験者にはそのような変化はなかった。この結果は筋弛緩は心理的緊張を下げることを示したといえる。

生理的データに関しては、心拍数は実験群では低下し比較群では変化がなかった。筋弛緩をやることが生理的な落ち着きをもたらしたといえる。興味深いのは唾液から抽出した内分泌のコルチゾールの結果と免疫グロブリンの結果である。唾液コルチゾールの値は、実験群においては漸進的筋弛緩法をやった結果、事前と比較して事後のほうが低下した。比較群には変化がなかった。コルチゾールはストレスが高まると値が大きくなるといわれているので、筋弛緩がストレス状態を下げたといえよう。

また免疫活動に関しては、免疫グロブリンが実験群では筋弛緩後に増えていて、かつ比較群には変化がないので、筋弛緩が免疫活動を高めたといえる。このデータに間違いがなければ、筋反応は生理と心理の状態に深く関わりを持っているということである。特に生化学的なデータは体の健康に影響があることを示しているといえる。

漸進的弛緩法が恐怖心のコントロールに及ぼす影響

F・D・マッグリンらが行った研究は、筋弛緩が心の弛緩に関係していることを示すものである。

マッグリンらは、蛇恐怖の程度が強い被験者を対象にして実験を行った。まず実験群の被験者は筋弛緩訓練を六日間行い、その二週間後に実験に入った。まず事前テストとして、心拍数と皮膚電位反射が測定された。そしてその後ケージに入った蛇を見せられ、それにどれだけ近づくことができるか自分で近づいてゆくテストがなされた。これは一回四分間で、二分間隔で六回行った。この六回ごとに恐怖の程度を一〇段階で評価することと心拍数（緊張すると多くなる）と皮膚電位反射（緊張すると値が高くなる）が調べられた。なお比較のために漸進的弛緩法訓練を受けないで、実験群と同じテストを受ける比較群が設けられた。

この結果は興味深いものがある。まずどれだけ近づくことができたかを比較したところ、筋弛緩訓練を受けた実験群のほうが、比較群より近づくことができた。六回の各テストでは恐怖心は実験群のほうが比較群より低かった。また心拍数も皮膚電位反射も筋弛緩訓練を受けた実験群のほうがそれを受けなかった比較群よりも値が低かった。

この実験の結果は、漸進的弛緩法を経験しておくと、恐怖事態のときに心身の混乱の程度を低めることができることを示している。これはまた、恐怖心と筋緊張とが密接に関連していることを示しており、心の緊張と体の緊張は同義であるということである。

野口式筋弛緩法の肩こり感に対する効果

前述した野口体操における「上体のぶら下がり」を行ったとき、肩こりの感じがどのように変化するかを調べた調査があるので、紹介しよう。上体のぶら下がりでは、下肢をなるべく立てるようにして、腰から前屈して上半身をぶら下げる。そのとき上半身には一切力を入れずに重力に任せてだらんとさせる。そしてさらに腹式呼吸をして、深く吐ききるようにする。これを三回繰り返したらゆっくりと上半身を立ち上げるようにするのである。

実験では、この動作を六回やってもらい、その効果を肩のこり感で見た。肩こり感の測定は深沢由美が開発した「主観的肩こり感尺度」で行った。これは肩の周辺における、筋肉のこり感を調べるための心理的尺度である。たとえば「しんどい」「うっとうしい」「しこる」「はる」などの質問項目からなっている。動作を行う前と後とでこの尺度に記入してもらって、どのような変化が見られるか調べた。

その結果、動作をやる前に肩こり感が高い人と低い人に分けて効果を見たところ、どちらの人にも動作の前後で変化があり効果が見られたが、肩こり感の低い人では効果が顕著だが、肩こり感の強い人では効果が出にくかった。これは当然のことだろう。この実験は「上体のぶら下がり」によって肩に起こる緊張感を弛緩させることができることを示したものであるが、生理的な筋弛緩なのか、心理的な弛緩なのか区別が明確ではない。そもそも肩こりは複雑な現象であり、両者を明確に区別することはできないのではないかと思われる。

筋反応と呼吸反応の関係

筋反応と呼吸反応は相互に関係している反応である。呼吸は肋骨を動かす肋間筋や横隔膜の運動によってなされているのであるから、筋反応とは切り離せない。これらは直接的な筋肉だが、そのほかの筋反応の緊張と弛緩も呼吸に影響していると考えられる。恐怖の状態のときには体が硬くなるが、そのときは同時に呼吸も浅くなる。呼吸と筋緊張・弛緩は両輪のようなものだといえるだろう。

筋反応における生理と心理の関係

筋反応はレスペラント反応であるために、反射的な側面と意志的な側面を持っている。換言すると筋反応は生理的、身体的な現象であると同時に心理的、精神的な反応でもある。

このことをよく示しているのは、「緊張」あるいは「弛緩」という言葉である。緊張という言葉は、筋緊張というように、体の緊張を表すときに用いる。弛緩も同じである。一方心理状態についても、緊張という言葉を用いる。たとえば、試験の前に緊張したというとき、それは心の状態を表している。つまり緊張という言葉は体と心で共通なのである。弛緩についても、温泉に入ってリラックスしたときには、筋肉のリラックスと心のリラックスの両方が起こっているだろう。心の緊張は体の緊張であり、体の緊張は心の緊張でもある。体の緊張のない心の緊張はないし、心の緊張のない体の緊張はないのである。ここに「心身相即」の現象が見られる。このことについては後に再び取り上げよう。

3 表情について

表情の性質

先にも述べたように、表情反応は極めて生得的な性質を持っている。たとえば笑いの表情には、二種類ある。一つは呵呵大笑といわれるようなハハハという大笑いである。もう一つはにっこりという微笑である。

この二つの笑いは性質が異なるといわれている。大笑いの起源は攻撃であるといわれる。自分が大笑いしたときは、大概愉快な気分になるが、しかし他人から大笑いされたときには、必ずしも愉快にはならないだろう。むしろ笑われて不愉快な気持ちになることも多い。これに対して相手に微笑されて不愉快になることはほとんどないだろう。

観察結果によって異なるが、赤ちゃんでは生後数週間で微笑が観察されるといわれている。大笑いはかなり後になって起こるので学習性のものであると考えられるが、それに比べて、微笑はかなり生得的であるといえる。これは周囲の大人をひきつける反応であるといわれている。

このほかの表情についても、たとえば、腐ったものの臭いをかいだときには、眉間に縦皺がより、口が固く結ばれるという表情（渋面）になる。これは口に入れないで、拒絶する反応である。また表情の文化差に関する研究があるが、表情には文化差がほとんどないといわれている。たとえば怒りの場面で、笑いの表情をするということは絶対にない。このように表情は反射（レスポンデント反応）的な性質を持っている。

しかし一方で、誰でも作り笑いができたり、悲しみをこらえて表情に出さないといったことができる。人間は表情をコントロールすることもできる。このように表情はオペラント反応の性質も持っている。だから表情はレスペラント反応の一つなのである。

表情反応と心理との関係

表情の心理学的研究はいろいろな目的からなされてきた。たとえば情動や感情の研究のために、表情が道具として利用された。しかし最も注目されたのは、なんといっても、先に触れた情動の起源に関わる論争、すなわちジェームス説の可否の問題であった。この検証のために表情が研究の手立てとして使われたのである。

論争の決着はまだついていないが、本書はジェームス説を支持する立場なので、ここではジェームス説を支持する研究を取り上げ、レスペラント反応としての表情が、気分や感情にどのような影響を与えるかを見ていくことにする。

呼吸反応や筋反応と同じように、顔面が反応したことにより、心理や生理にどのような効果があるかを検証しようとした研究はたくさんある。このように顔面反応をすることで感情が喚起されるという仮説は「表情フィードバック仮説」といわれている。

こうした検証実験で気をつけなければならないのは、表情を作ってもらうために、顔面反応をしてもらうときに、この操作が感情の研究であるということを被験者に知られないようにすることである。

このための工夫として、T・ストラックらが行った方法は、被験者に前歯でペンを噛んでもらうことであった。こうすると口角が横に広がるが、この顔面反応は笑顔のときのものとほぼ同じものとなる。比較のために被験者にペンを唇で押さえてくわえてもらった。このようにして漫画を見てもらったところ、前歯でペンを噛んだ被験者のほうが、唇でくわえた被験者よりもより面白さを感じるという結果が出た。つまり笑顔のときになる口角が横上に広がるという顔面反応が快感情を起こしたということである。

福原政彦が行った研究も興味深い。この実験では道具を使わず、発音の研究であるということにして、被験者に「イー」（口が横に広がる）という発声と「ムー」（唇がとんがる）という発声をしてもらった。このようにして作られた顔面反応が気分に及ぼす効果を調べたのであるが、快—不快の気分に関しては、「イー」のほうが「ムー」よりも快であるとの回答が多かった。緊張—弛緩の気分については「イー」のほうが弛緩すると答えている。興奮—沈静については、「イー」のほうが、沈静の気分になるとの答えが多かった。

さらに興味深いのは、額の温度の低下の程度が「イー」のほうが大きかったことだ。この実験の背景には、快のときには額の温度が低下するという仮説がある。これらの実験結果はさらに検証される必要があるが、顔面の筋反応が気分と関係しているということを示唆するもので、表情フィードバック仮説を支持するものであるといえよう。

さらにL・K・ブッシュらが行ったように、もっと自然な状態で顔面反応と感情の関係を調べた実験がある。楽しい状況の映画を見せるのであるが、そのとき顔面反応を禁止した被験者と自然に反応してもらった被験者に分けて、映画を見ての面白さについて回答してもらった。その結果は自然な反応ができる被験者のほうが、面白さを感じやすかった。この結果は顔面反応を抑制すると感情も抑制されるということを意味している。

顔面反応は大頬骨筋《だいきょうこつ》や眼輪筋の筋電図でモニターされたが、表情を抑制するように言われた被験者では確かに筋電反応は現れなくて、抑制されていたことが明らかであった。このことは顔面反応と感情との関係を証明するものであるといえる。

視線が感情に与える効果

表情反応とは異なるが、顔面の中の反応として眼球反応がある。眼球反応も反射的な側面と意志的な側面との両方がある。視線には複雑な意味があるが、ここでは眼球反応と気分との関係を示す研究を取り上げてみる。

R・A・ドレイクが、風景写真を体軀の方向に対して右に九〇度の角度で顔は動かさずに視線だけ移動して見た場合と、左方向に九〇度で見た場合とで、風景に対する好意度を調べたところ、男子の被験者において右側のほうが好意度が高くなるという結果が出た。他の研究でも視線を右側に移動したほうが見た対象について好意的になるという結果がある。この理由については不明だが、脳科学的な研究が待たれる。

菅村玄二らが行った実験は、視線を上下に動かした場合の気分との関係を調べたものである。すなわち視線を上に向けた場合、正面に向けた場合、下に向けた場合それぞれで気分がどう変わるかを調べた。この際姿勢や顔面は動かさないようにした。三〇秒間その視線を維持した後、気分状態を測る心理尺度に回答してもらった。

その結果、視線を下に向けると、他の視線に比べてうつ的気分が大きくなった。他の気分（幸福感、楽しい気分など）には、違いが見られなかった。これは目線を下にすることは、特にうつの気分に関係していることを示すものである。状況が悪くなることを「落ち目」というが、このことと関係があるかもしれない。また後に触れるが姿勢においても、うつむきの姿勢はうつと関係している。

顔面（表情）反応の意味

顔面はいろいろな意味を持っている。私たちは生命の維持のために外界から空気や食物などを取り入れなければならないが、顔面はその取り入れ口にあって、取り入れるものを探したり、識別したり、取り入れの可否を監視したりする役割を持っている。したがって感覚器官のほとんどは顔面にある（触覚だけ全身にある）。物を探すためには目が重要な役割を持っているが、目的物を捕らえるためには、目線を上げて見開く必要がある。逆に捕らえたくないものに対しては、目線を避けたり目を閉じたりする。あるいは取り入れたくないものに対しては口も閉じる。

人間の場合、気分を始め感情や情動は、顔面に最も表れやすい。他人の感情を判断するのは顔の様子である。顔の中でも「目は口ほどにものをいい」という諺のように目の動き（視線や目の周り）が大きな役割を果たす。口の周りの動きも同様である。好意を持っているときは、目を見開き、視線は見つめ、口は口角が上がったり、開けたりする。刺激を受け入れる反応である。逆に嫌悪は目を閉じるか、眉間に縦皺がより、口は固く閉じる。

快の感情（対象に対してポジティブな感情）に対しては、目が開き、口が開き、不快な感情（対象に対してネガティブな感情）には閉じる。表情とは元来は外界との関係においてなされていた反射的な反応が根底にあって、意志的な反応が可能になってからは、特に快―不快の感情との関係が深くなってきたものと考えられる。

視線はまた二律背反の性質を持っている。すなわち視線は時に攻撃的性質を持っている。たとえば相撲の仕切りのときの力士の目である。一方で視線は愛情を表す。母親が赤ちゃんや幼児を見る目である。子どもはよく母親に向かって「見て～」と要求するであろう。視線には二つの相反する性質があるので、成人では、対人関係のときに視線に困ることが起こるのである。

4　発声について

発声の性質

ここでいう発声は、言葉の意味の問題（言語、概念）ではなく、言葉における音声の側面に関することである。このような発声はかなり下等な動物から行われている。コオロギのような昆虫ですら音（発声ではないが）を発している。鳥類ではさらに複雑な発声をしている。哺乳類の鯨やイルカになると、会話といえる水準の発声をしていることがわかっている。発声は一般にコミュニケーションの側面から話題になるが、ここでの興味は発声がもたらす気分の問題である。

発声は、高等動物の場合、喉頭の筋反応ということができる。人間の発声はすべて意志的なオペラント反応であると考えがちであるが、ここで問題にしたいのは反射的な発声（レスポンデント反応）である。驚いたときに「アッ！」と叫んだり、怖いものに遭遇したとき、「キャ！」と叫んだりするのは反射である。このような発声は動物と人間で共通であるといえる。しかしこのような発声も一方では抑制することもできる。「息を潜める」という言葉があるが、意志的に抑えることもできる。したがって発声は反射／意志的反応（レスペラント反応）の一種であるということができる。

発声が心理に及ぼす効果

発声することで、心の状態が変わることは、日常生活の中で誰しも体験していることであろう。卑近な例ではカラオケである。カラオケにはいろいろな効果があると思われるが、やはり歌うことによる気分の変化である。また、海に向かって大声で叫んでみると、気分が変わることは誰でも体験があるだろう。このような体験から発声と気分には関係があることが推測できる。

被験者に「アー　イー　ウ～ン　エー　オー」と発声してもらって、それぞれの発声についての感情評定をしてもらうという実験を行ってみた。その結果特徴的だったのは、「ウン」の発声であった。この発声については温かい、ゆったりしたといった気分があり、また沈んだ、重々しい感じがするとの回答も多かった。特に「イー」の発声との違いがはっきりしていた。「イ」は緊張の傾向がある。「ウ～ン」は落ち着いた気分をもたらし、「アー」は開放的な気分をもたらした。

「オー」と「ウン（あるいはムー）」は、ヨーガにおいては聖音といわれていて、「オーム」と発声する。あるいは神主が地鎮祭などで、神様を呼ぶために、「オー」と発声する。

また念仏（南無阿弥陀仏）はそれ自体はあまり意味のある言葉ではないが、むしろ「なむあみだぶつ」と発声することが、心理に及ぼす効果のほうが意味があるかもしれない。難しい仏典の読経もその意味内容よりは、リズムをつけての発声が読む人にも、聞く人にも、心理的効果があるのではないかと思われる。

5 姿勢について

姿勢の性質

姿勢は、一概に定義できるものではないが、主として体軀幹、すなわち背骨の姿である。直立の場合は両足も含まれる。環境のいろいろな状況に応じて、私たちはさまざまな姿勢をとっている。

人間関係においては、動物と同じように上位の者に対しては、背を屈める姿勢をとりがちである。逆に威張るときには胸を張り背筋が伸び、顎が出て上から見下ろす姿勢となる。自信がないときには前かがみになり、自信のあるときは背筋が伸びる。

このような姿勢は、その都度意識しているわけではない。すなわち姿勢は環境の状況に応じて、反射的（レスポンデント反応）になされているものである。

相撲やレスリングで、優秀な選手は相手との状況に応じて、有利な姿勢をとることがうまい。これらのスポーツは姿勢の格闘技といってもよいであろう。有利な姿勢をとれたほうが勝つことになる。このような姿勢は意識的・意志的になされているので、意志的反応（オペラント反応）である。

姿勢は元来は無意識的であり、無意志的に行っている。その内容は生得的な反射のものもあるが、格闘技の例に見るように、長い意識的、意志的な訓練の結果、自動化されているものもある。

姿勢はどちらかというと意志的な動作であると考えている人が多いであろう。しかしその場に応じた姿勢はある程度生得的に決まった姿勢が反射的になされているのが基本である。権威者の前では身を低くするのは、かなり生得的である。しかし屈服しないぞと思って、意志的に身を高く保つこともできる。このように姿勢反応はレスポンデント反応でもあり、オペラント反応でもあるので、レスペラント反応に分類することができる。

姿勢の型

姿勢はいろいろな状況に応じて、無数といってよいくらいの型がある。しかし姿勢について問題にされるのは、「よい姿勢」「正しい姿勢」といわれているものである。状況に応じて、とるべき姿勢がある。正しい姿勢とは、つまりその状況に適した姿勢である。たとえば重いものを持ち上げるときの効率的で安全な姿勢（正しい姿勢）は、腰を下げ、かつ腰を入れる姿勢である。したがって一般的な意味での正しい姿勢というものはないが、普通一番多い場面は座位や立位であるため、そのときの効率のよい姿勢が「正しい姿勢」といってもよいだろう。

座位や立位において、正しいといわれている姿勢の型は、尾てい骨から頭頂まで、真っ直ぐな姿勢である。腰が曲がらず、猫背にならず、首も顎を出さないことである。どこにも力を入れず、重力の方向に垂直になる。この姿勢が正しいといわれる理由は、体の健康によく、精神的に快く、次の行動へ即応でき、見た目も美しいといったことがあげられる。ここで特に取り上げたいことは、姿勢による心理的な影響である。

姿勢が心理に及ぼす効果

姿勢が心理に及ぼす効果に関する最初の実験は、J・H・リスキンドとC・C・ゴタイが行ったものである。実際の実験は、かなり複雑な手続きによっているが、実験の趣旨は、被験者に椅子に座ってもらって、緊張の姿勢として、直立の姿勢をとるのと、リラックスの姿勢として、背もたれに寄りかかる姿勢をとってもらうことであった。そしてテストをするが、その結果の良し悪しは知能に関係していると告げて、被験者に高い緊張をもたらす群と、知能とはまったく関係ないと告げて低い緊張をもたらす群とに分けられた。検査はストレスの程度を測る心理検査と生理的状態を評定する質問紙に回答してもらうことであった。

その結果、直立姿勢をとっていた群の被験者はリラックス姿勢をとっていた群の被験者に比べて、心理的なストレスの程度も生理的緊張の評定も高く回答された。特にこの差は高い緊張をもたらす教示を受けた場合に大きかった。この結果は姿勢の違いが心理や生理に異なった影響をもたらすという可能性を示唆するものであるといえる。

鈴木晶夫と筆者が行った実験は、大変単純な計画のもので、問題点もあるが、わかりやすいものである。被験者に**図6—1**に示すような顔の方向が上向き、正面、下向きで、それぞれについて背骨が直立と曲げたもの計六種類の姿勢をとってもらい、姿勢をとってい

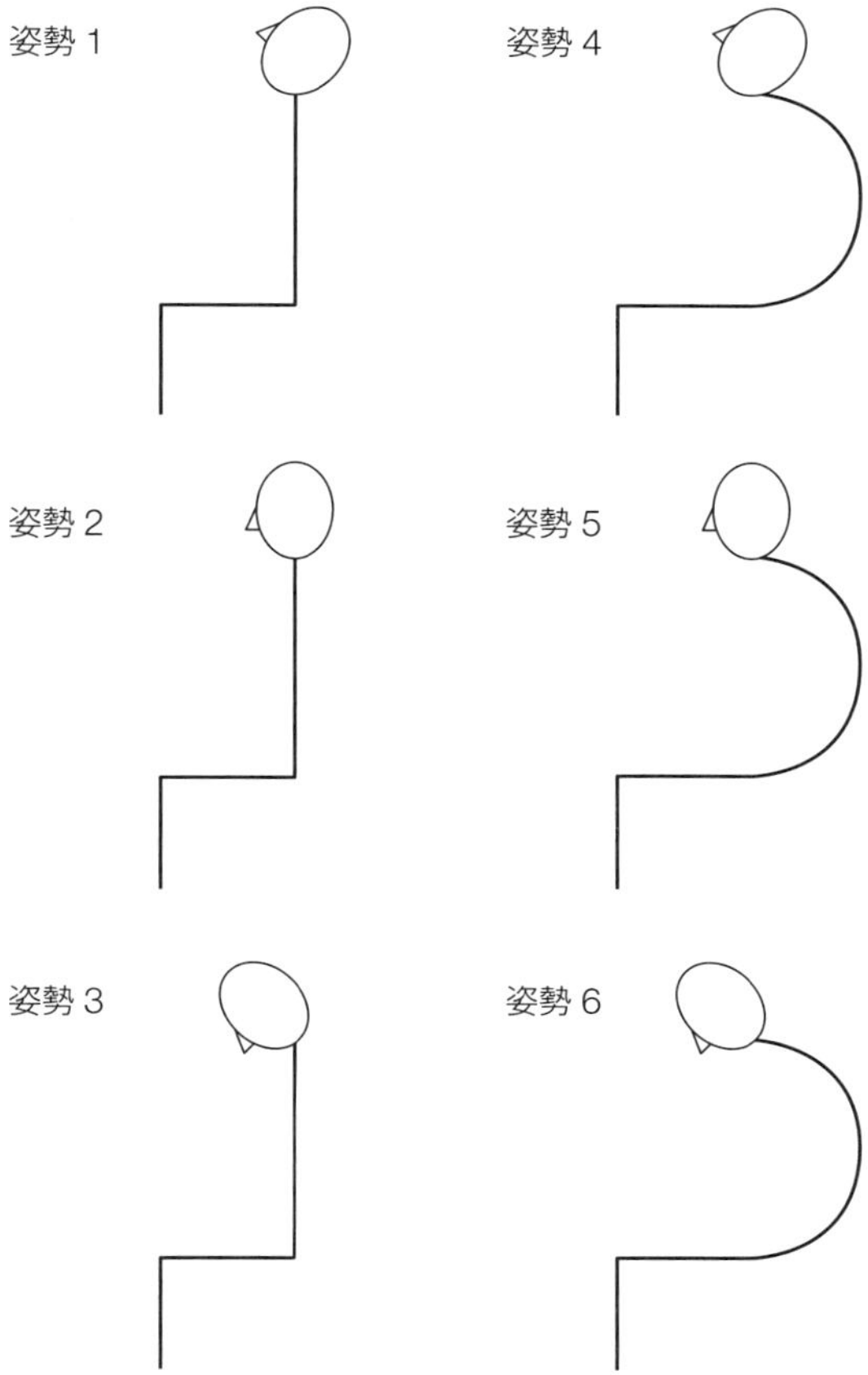

図6-1　姿勢の種類

（鈴木・春木『心理学研究』1992, 62, 378−382）

る間に、それぞれどのような気分を感ずるのか一七の形容詞対（たとえば、「生き生きした―生気がない」「自信がある―自信がない」「明るい―暗い」など）について評定してもらった。

その結果は図6―2aと図6―2bに示されている。大まかにいうと、首を下向きにすると他の向きよりネガティブな気分になる結果が出た。また背筋を曲げるとネガティブな気分になることもわかる。

最もネガティブな気分になるのは首をうなだれ、背筋を曲げる姿勢である。この姿勢はうつむく姿勢であり、この姿勢はうつと関係があるということである。うつ気分になるとうつむき姿勢になることは誰しも経験していることであるが、逆にうつむく姿勢をとると、うつの気分がかもし出されるともいえるだろう。

姿勢が知覚に及ぼす効果

鈴木晶夫と筆者はまた、音楽を聴くときの姿勢がその音楽の知覚に影響することを示す実験も行った。すなわち音楽を聴いてもらうときの姿勢を仰向けの姿勢、背筋を立てて正面を見る姿勢、背骨を曲げてうつむく姿勢、という三種類にした。音楽はビゼー作曲の『カルメン』序曲で行進曲風の明るいと感じやすい曲であった。音楽を聴きながら、音楽がどのように感じられるか、評定してもらった。

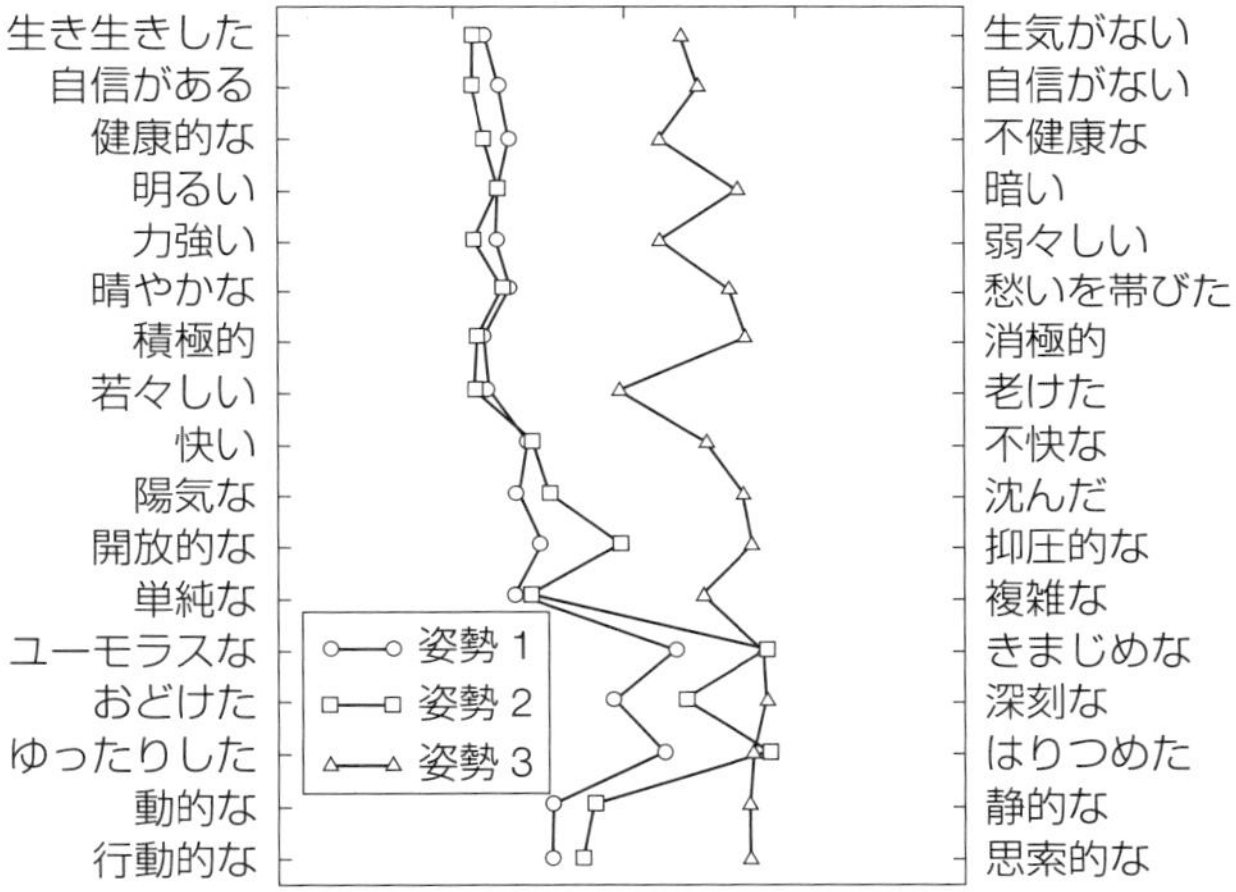

図6-2a　姿勢 1, 2, 3 の気分評定

（鈴木・春木『心理学研究』1992, 62, 378−382）

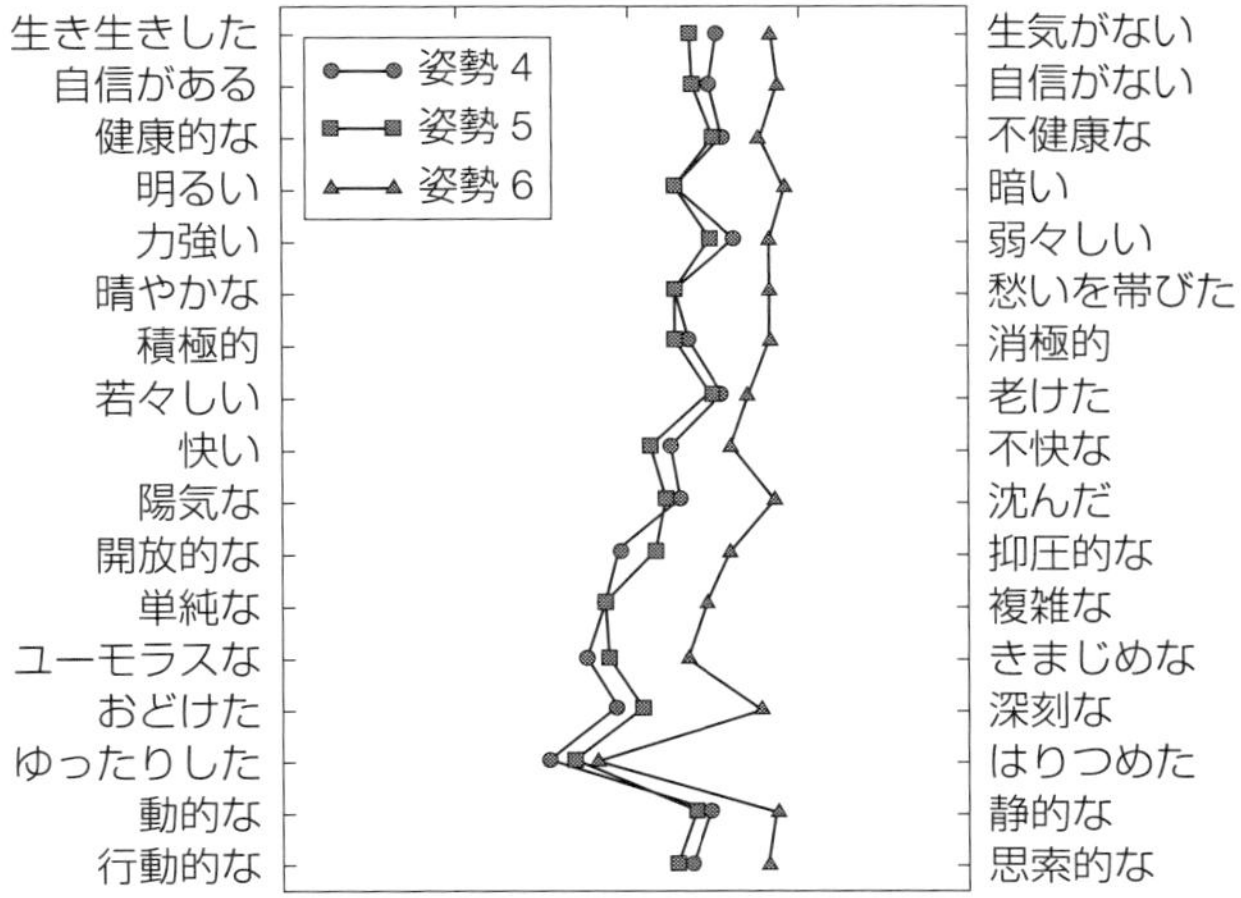

図6-2b　姿勢 4, 5, 6 の気分評定

（鈴木・春木『心理学研究』1992, 62, 378−382）

すると、うつむきの姿勢で聴いた場合、他の姿勢よりネガティブな感じに聞こえるという結果になった。この研究の意味は、姿勢は環境からの情報を受け取る場合にも関与していて、それに影響を与えるということである。

菅村玄二・高瀬弘樹らは、姿勢と大脳の前頭葉との関係をNIRS（大脳皮質の活動状態を計測する器械）で調べた。いままでの研究と同じように、被験者に直立の姿勢やうつむきの姿勢をしてもらい、「さ」とか「み」の発音で始まる名詞をなるべくたくさん言ってもらうという知的作業をさせた。そしてそのときの前頭葉のオキシヘモグロビンの変化量（大脳の活性度を表す）を調べ、それぞれの姿勢をとってもらう以前と姿勢をとったときとの間の変化量を比較した。

その結果、直立姿勢のときは前頭葉は活性化したが、うつむき姿勢のときは活性化しなかった。うつ状態の人は知的作業をするとき、前頭葉の活動が不活発であるという研究もあることから、うつむく姿勢はうつ気分と関係があり、さらに知的活動も低下することが大脳の活動を通じて理解できたといえる。

姿勢教育の実践

姿勢教育は、最近の教育現場では、まったくといってよいほど無視されている。姿勢教育の重要性を主張し、その実践に力を注いだ森信三の薫陶を受けた小学校の教師の中に、姿勢教育を実践した人たちがいたが、その後の広がりは残念ながらあまり見られていない。

姿勢に関する基礎研究から、姿勢が心身に大きな影響力を持つことを知った筆者たちは長野県伊那市のH小学校とH中学校において、姿勢教育を実施することにした。

まずしっかりと座ると腰が立つ椅子を開発して、それまでの椅子に替えて使うことにした。生徒たちにこの新しい椅子と従来の椅子との座り心地を比較し評価してもらったが、「落ち着く」「生き生きした感じ」「くつろぐ」と、新しい椅子の評価が高かった。新しい椅子のほうが積極的で、覚醒度が高まり、快適感があるとの回答だった。このことからこの椅子が姿勢を正し（腰から上が直立する）、心理的なよい効果があることがわかったので、このような椅子を使うことで姿勢の意識や学校生活に対する意識がどのように変わるか、半年にわたって観察することにした（なお姿勢教育として、この椅子を使うことの他に、毎朝一斉に一分間腰を立てて黙想した）。

その結果、「授業中に姿勢を気にするようになり」「自分の姿勢はよい」という意識が高まり、「いらいらすること」が少なくなり、代わりに「落ち着いて勉強できる」ようになった。また教師も、生徒たちが従来よりも「やる気がある」「集中力がある」と評価した。

これらの調査結果から、生徒自身が新しい椅子を使うことで、姿勢に対する意識を持つことが重要であるということが予測されたので、特に意識が高まった生徒とあまり高まらなかった生徒とに分けて、学校生活態度について違いが見られるか、調査を進めた。

その結果「自分は胸を張っていると思う」という意識が高まった生徒は、「勉強やその他のことにすぐ飽きる」という態度が減少した。「自分の姿勢はよいと思う」という意識が高まった生徒は、「頭がすっきりする」程度も高まったが、逆に意識が高まらなかった生徒は、「頭がすっきりする」程度も低くなってしまった。

また姿勢に関する意識と他の特性との関係についても調べたが、たとえば「勉強の時間に自分の姿勢がどうなっているか気をつける」ことに関する意識が高まった生徒はそうでない生徒に比べて、自己統制力が成長した。また「勉強や学校以外の場合にも姿勢に気をつける」という意識が高まった生徒は、自己主張の傾向が高まった。このことは姿勢をきちんとするという意識が自己の成長に関与することを示しているといえるだろう。

姿勢の意味

二足歩行を始めた人類は、重力との関係の中で、姿勢を保つことに長い時間をかけて調節をしてきたことだろう。また一歳児は多くの試行錯誤を重ねて直立歩行を達成する。重力は非常に強い力なので、それに抗して直立を保つということは単に体の筋力のみの問題ではなく、精神的な意味を含んでいると考えるべきである。体の傾きに対して、直立を保つことは、いわゆる反射（レスポンデント反応）的なことでもあるが、意識的、意志的な反応（オペラント反応）も多くの役割を果たしている。このため姿勢は精神にも関わってくるのである。

繰り返しになるが、心の状態が姿勢を作ることもあれば、姿勢が心を作ることもある。たとえばうつの心理状態では誰でも経験していることであるが、とかく胸を狭め、前かがみの姿勢になり、うつむくのである。逆にすでに見てきたように、うつむきの姿勢をとるとうつの気分がかもし出されてしまうのである。このようにうつの気分とうつむく姿勢は切っても切れない関係にあるといってもよい。

しかもうつむき姿勢は、気分のみならず、自己意識との関係も示唆されている。脳性麻痺の子どもの訓練法として動作法を開発した成瀬悟策（『姿勢のふしぎ――しなやかな体と心が健康をつくる』講談社ブルーバックス、一九九八年）は、立てなかった子どもが訓練の結果、立てるようになると、人格の変革も起こると繰り返し述べている。直立姿勢は人間性の根底である。森信三（『性根の入った子にする〝極秘伝〟――立腰教育入門――』不尽叢書刊行会、一九八一年）は教育の根本は立腰《りつよう》にあると宣言しているが、これは人間教育の本質をついている。

6　歩行について

歩行の性質

二足歩行は人間固有の行動である。二足歩行ができるまでには誕生から一年余りを要するのだが、これができるのは人間の生得的な性質によるものか、試行錯誤学習の結果であるのか、心理学で議論されたことがある。よく知られた研究では一卵性の双子を被験者にして、片方は一歳になる前から直立歩行の訓練をしたが、もう一人は何もしないでおいて、どちらが早く歩くようになるかというものであった。結果は同じであった。つまり人間が歩くというのは、生得的な性質のものだというのが結論である。

したがって、歩行は身体のかなり複雑な機構によって成り立っているとはいえ、いわば反射的な反応であるといえる。左右の足の体重移動をして片足を前に踏み出すという動作の連続は無意識的に行われている。つまり反射（レスポンデント反応）である。

一方で歩行は、意識的、意志的に行うこともできる。競歩という競技があるが、反射的な歩行であると同時に、かなり訓練して出来上がった独特の歩行である。スポーツの歩行動作はたぶんに意志的な歩行の訓練の結果であるといえる。

日常の歩行においても、急いで歩くときには、意志的な歩行となる。散歩のときは意図的にゆっくりと歩く。このように歩行は意志的反応（オペラント反応）でもある。したがって歩行は両方の性質を持ったものなので、反射／意志的反応（レスペラント反応）に分類できるものである。

意図的な歩行が心理に及ぼす効果

岩田無為は、意図的に行わせた歩行が歩行者の感情喚起に影響するかどうかを検証した。まず彼女は、あらかじめ行った調査から、怒り、喜び、悲しみの歩行の特徴を抽出した。

怒りの歩行動作の特徴は「全身と肩に力を入れ、大地を強く踏みしめて歩き、つま先は強くけりだす。全体的に速いテンポで歩く」であり、喜びは「自分に快適な程度に全身と肩に力を入れ、適度に大地を踏みしめて歩き、つま先も適度にけりだし、全体的に快適なテンポで歩く」であり、悲しみは「全身と肩の力を抜き、大地を弱く踏みしめて歩き、つま先は弱くけりだし、全体的にとても遅いテンポで歩く」であった。

実験では、被験者にはこれらの歩き方が感情と関係があることは知らせずに、それぞれの歩き方で歩いてもらった。そしてそれぞれの歩行をした後に、情動喚起量尺度（喜び、悲しみ、怒り、軽蔑、驚き、恐れ、嫌悪の情動に関して、喚起された程度を一〇段階で評価する）に回答してもらった。

その結果、それぞれの歩行にさまざまな感情の回答がなされたのだが、その中でも喜びの歩行については、喜びの感情、悲しみの歩行については、悲しみの感情、怒りの歩行については、怒りの感情が、それぞれ最も多く回答されたのである。なお喜びの歩行は他の二つの歩行よりも、はっきりと感情が識別されるという結果になった。

これらの結果は、歩行と感情とが完全とはいえないが、ある程度対応していることを示しているといえるだろう。

歩行の属性がもたらす気分

鈴木晶夫、佐々木康成、弓場靖子のグループは、歩行の性質が気分にどのような影響をもたらすかを調べた。歩き方の属性として取り上げたのは、つま先が外向き歩き（外股歩き）か内向き歩き（内股歩き）と歩行のテンポと歩幅であった。

日常外股で歩いているという人と、内股で歩いているという人について、歩いたときの気分を回答してもらったところ、外股歩きの人のほうが内股歩きの人より、ややポジティブな気分であったが、それほど差はなかった。

しかし外股で歩いている人に内股で歩いてもらったところ、外股のときに感じた気分よりもネガティブな気分に変化した。この結果から内股歩きは元来ネガティブな気分と関係があると見られる。

テンポに関しては各人の早足で歩いてもらったときのテンポを「速テンポ」とし、それに〇・七七を乗じたテンポを「中テンポ」とし、さらに〇・六〇を乗じたテンポを「遅テンポ」とした。また歩幅については、男子は長歩幅は八〇センチ、中歩幅は七〇センチ、短歩幅は六〇センチで、女子は長歩幅は七五センチ、中歩幅は六五・五センチ、短歩幅は五六・五センチとした。歩幅は廊下にしるしがつけられ、テンポはメトロノームで示した。そしてテンポと歩幅を組み合わせて実施した。

その結果、短歩幅で歩くと、地味で、自信がなく、抑圧された気分になったが、歩幅が長くなるほど、派手で、自信があり、開放された気分に変化した。また、テンポを速くするほど、自信があり、開放された、外交的な、派手な気分に変化した。

歩行の実質的効果

佐々木は、テンポの結果が、実際の歩行のテンポによってもたらされたのか、単にテンポがもたらしたものなのかをさらに調べた。この検証のために、歩行群の被験者には速歩きのテンポ、普段の歩きのテンポ、ゆっくり歩きのテンポを設定し、メトロノームの音に合わせて、歩いてもらった。比較としてメトロノームの音をただ聞くだけの被験者群と、メトロノームの音に合わせて、指でタッピングをしてもらうタッピング群の被験者を設定した。心理に及ぼす結果は、意識性評定尺度や気分評定尺度で調べた。

この結果、歩行群の被験者では歩行をやる前と後で活動性に関して変化が見られた。遅いテンポで歩くと、活動性が低くなり、速いテンポで歩くと、活動性が高まったのである。これに対し、音を聞くだけの群とタッピング群に関しては、このような変化は見られなかった。また威厳性の意識（堂々としている、男性的といった内容）に関して、歩行群の被験者は歩行実施後に高まることがみられたが、他の群にはこのような変化は見られなかった。

さらに気分評定に関しては抑うつ感に関して、歩行群では歩行の前後で抑うつ感が減少したが、ただ音を聞く群とタッピング群には何ら変化は見られなかった。

音楽を聞いたとき、そのリズムやテンポが気分に影響することは日常経験することであるが、ここでやったような単純なメトロノームの音では、ただ聞いたり、タッピングをやったただけでは、テンポの違いが気分や意識に影響することはないようである。

それに対して、歩いた場合、歩くテンポが意識や気分に影響するという結果は、歩行が心理に効果をもたらしたという意味で大変興味深い。また同じ動きであっても、タッピングのような指の動きでは効果が見られなかったことは、歩行という全身の動きの特徴を表している。

歩行の意味

歩行は人間の活動（移動）の根幹をなす反応である。これまで述べてきたレスペラントの諸反応は身体の部分的な反応であったが、歩行はもろもろの反応を含む全体的な反応である。一般に歩行は健康のためとして身体的・生理的な効果を考えがちである。それは間違いではないが、一方で歩行がもたらす精神的・心理的な効果に関しては、いままでないがしろにされてきた。

しかし、たとえば京都にある「哲学の道」といわれている道は、哲学者の西田幾多郎がよく思索のために歩いたことから命名されたと伝えられている。哲学者カントの夕方の定期的な散歩もよく知られている。また世界のどの宗教でもなされている巡礼は、まさに歩行の精神的な意味を伝えるものであろう。

このような事実は、脳生理学者の有田秀穂（『歩けば脳が活性化する』ワック、二〇〇九年）が主張している、大脳のセロトニン神経の仮説と重なる。セロトニン神経は大脳各所に行き渡っていて、大脳の活動をコントロールし、活性化していると考えられている。つまり心身の活性化の要になっているということである。心身の元気の元というわけだ。

有田によると、このセロトニン神経を活性化する要因は、食物、太陽光、さらにリズム運動であるという。リズム運動として彼が推奨しているのは、呼吸のリズム、咀嚼のリズム（ガムを噛む）、それにリズミカルな歩行（ウォーキング）だという。

またセロトニン神経が精神に及ぼす効果として、うつの問題を取り上げている。うつはセロトニン神経の不活発と関係があるというのである。したがってうつの予防には、たとえばウォーキングを欠かさず実行することが効果的であるといっている。

このような脳科学の知見は、本書で取り上げてきた呼吸や歩行といったレスペラント反応の重要性を高めるものであるといえるだろう。

7　対人空間(距離)について

対人空間の性質

動物行動学において縄張り、すなわち一定範囲の生活空間を確保するという問題が取り上げられている。魚や鳥のような下等な動物から類人猿のような高等な動物まで、個体あるいは集団において、他の個体や集団に対して、縄張りを確保する行動が必ず見られる。

縄張りは、食物の確保のためといわれているが、動物の持つ基本的な性質だといえるだろう。人間においても縄張りという言葉は、たとえばやくざの世界で使われているし、精通している地域のことをここは自分の縄張りだといったりすることがある。また同業者の間では売れ行きのシェア争いがあるが、これも一種の縄張り争いといえるかもしれない。このように縄張りの問題は人間でも避けられない。

個人と個人との間の空間（距離）のことを最初に問題にしたのは、文化人類学者のエドワード・T・ホール（『かくれた次元』みすず書房、一九七〇年）であった。彼は文化によって空間のとり方が異なっていることに気がついたことがきっかけで研究するようになった。たとえば知り合い同士が会話するとき、アラブの世界ではほとんど接触せんばかりの距離になるが、西洋の世界では距離をとるという。こうしたことから、個人間の距離について、次のような分類をした。

個人の正面を中心にして、四五センチ以内の距離を「密接距離」という。これは、よほど親密でない限り、他人が入ることのできない極めて親密な空間である。一二〇センチ以内の距離は「個体距離」といい、個人的な会話などが行われるときにとられる距離である。三六〇センチ以内は「社会距離」といい、たとえば社交的な会話や仕事上の会話などがなされる。七五〇センチ以上は「公衆距離」といい、大勢の人を相手に話をする場合である。このような距離の違いによって、態度や振る舞いや声の調子などが異なってくるといわれている。

一人の人を立たせておいて、もう一人に近づいてもらったとき、我慢のできる距離を測ってみると、基本的には、男同士は女同士より距離をとりたがり、男女の場合は、女が距離をとりたがる傾向がある。

このような対人距離はホールが「かくれた次元」と名づけたように、通常は意識されずに、反射的にとられているレスポンデント反応である。しかし同時に意識的にとることもできるので、オペラント反応でもある。したがって対人空間（距離）は反射／意志的反応（レスペラント反応）である。

対人空間（距離）が心理に及ぼす効果

斎藤富由起は対人距離と不安喚起の関係について調べている。二者間の対人距離については近距離（二五センチ）、中距離（八二センチ）、遠距離（二四〇センチ）を設定して立ってもらった。不安についてはシュピールバーガーの作成した不安尺度で測った。不安尺度で特性不安の高い人（性格的に不安が高い人）と低い人に分け、それぞれの距離による状態不安（そのときの不安の程度）の高さを回答してもらった。

その結果、近距離で不安が高くなったが、それはとりわけ特性不安の高い人に顕著であった。また興味深いことに、瞬き反応の数を測ったところ、近距離ほど反応数が多くなり、特に特性不安の高い人が多かった。瞬き反応は不安が高いときに多くなるといわれている。

また距離と視線を合わせる程度についても観察されたが、距離が近いほど視線は避けられることも観察された。これは不安を低減させる行動である。こうした結果は、対人距離が心理状態に影響することを示している。

不安と身体動揺に関する研究もある。被験者が許せる距離に他者を立たせて、そのときの身体動揺を観察した。一人のときの動揺と人を前にしたときの動揺の程度を比較したところ、後者のほうが動揺が大きくなることが観察された。また興味深いことに、そのときの動揺の方向が前後の方向であることが観察された。

斎藤と筆者が行った実験では、対人不安の高い人は、後ろの方向に移動する動揺が多く(遠ざかろうとする動き)、対人不安の低い人は前の方向に移動する動揺(近づこうとする動き)が多くなる。前者は逃避行動を表しており、後者は積極的な行動を表しているといえる。

座席配置について

対人空間については、他者との間の距離ばかりではなく、空間の質の問題もある。他者に対してどのような位置や角度で相対するかの問題である。これもかなり無意識的、無意志的にとられている。

たとえば教室や会場において、座席をとるとき、正面に対して近いか遠いか、右側か左側かなど、自分の癖に気がついているだろうか。一般に教室では、教壇の正面は避けられて、空席になることが多い。

また、四角いテーブルにつくときに相手に対してどのような位置に座るかは興味深い。

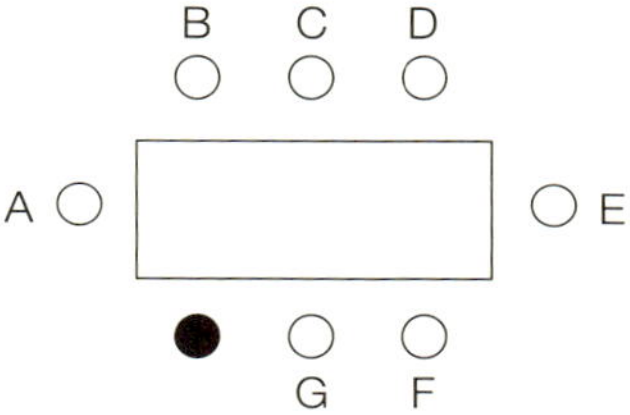

A：近い90°
B：正面
C：近い斜め
D：遠い斜め
E：遠い90°
F：遠い同じ側
G：近い同じ側

（黒丸は女性が座っている位置）

図6-3　座席配置

男子学生に対して、**図6—3**に示すような机と椅子の配置で、黒丸のところに女性が座っている状況で、自由に座るように教示して、どこに座るかの着席行動を観察した実験がある。

女性不安の程度の低い（実験前に測ってある）男子学生については、Aにはゼロ％、Bには三〇％、Cには二〇％、Dには四〇％、Eにはゼロ％、Fには一〇％、Gにはゼロ％であった。これに対して女性不安の高い男子学生については、Aにはゼロ％、Bには六・一％、Cには一二・一％、Dには二七・三％、Eにはゼロ％、Fには五四・五％、Gにはゼロ％であった。

この結果はいろいろなことを示唆している。自由に座るように教示しているので、行動はオペラント反応であるが、選択に関してはたぶん無意識になされていると思われる。共通に見られることは、非常に近い距離のAやGは避けられているのと、非常に遠い距離のEが選択されていないことである。近い距離は見知らぬ女性に対して、個人空間を侵害することになるので、よほどの理由がない限り避けられる。

また、女性不安の有無によって、かなりの相違が見られた。特徴的な点は、BとFである。女性不安者がFに多いことは女性と対面しないこと、あるいは視線を避けていることを表している。女性不安のない学生はBやDに多く、Fに少ないことは、遠慮しつつも対面を維持しているといえる。このように座席どり行動は意志的反応（オペラント反応）のように見えても、かなり決まった反応パターンを示すところから、反射／意志的反応（レスペラント反応）であるといえるだろう。

座席配置が心理に及ぼす効果

山口創、板垣さおり、筆者のグループでは、座席のとり方の基本を図6―4に示すような配置と考えた。すなわち正面、斜め、横が基本的な位置である。そしてそれぞれについての距離を設定（一メートルと二・六メートル）した。さらにそれぞれの位置において、身体の方向（前後左右）が考えられた。

さまざまな結果の中で最も注目されるのは、緊張感に関して、座席配置が顕著な相違を示していることである。正面が最も高く、横が低かった。しかも当然であるが、相手が友

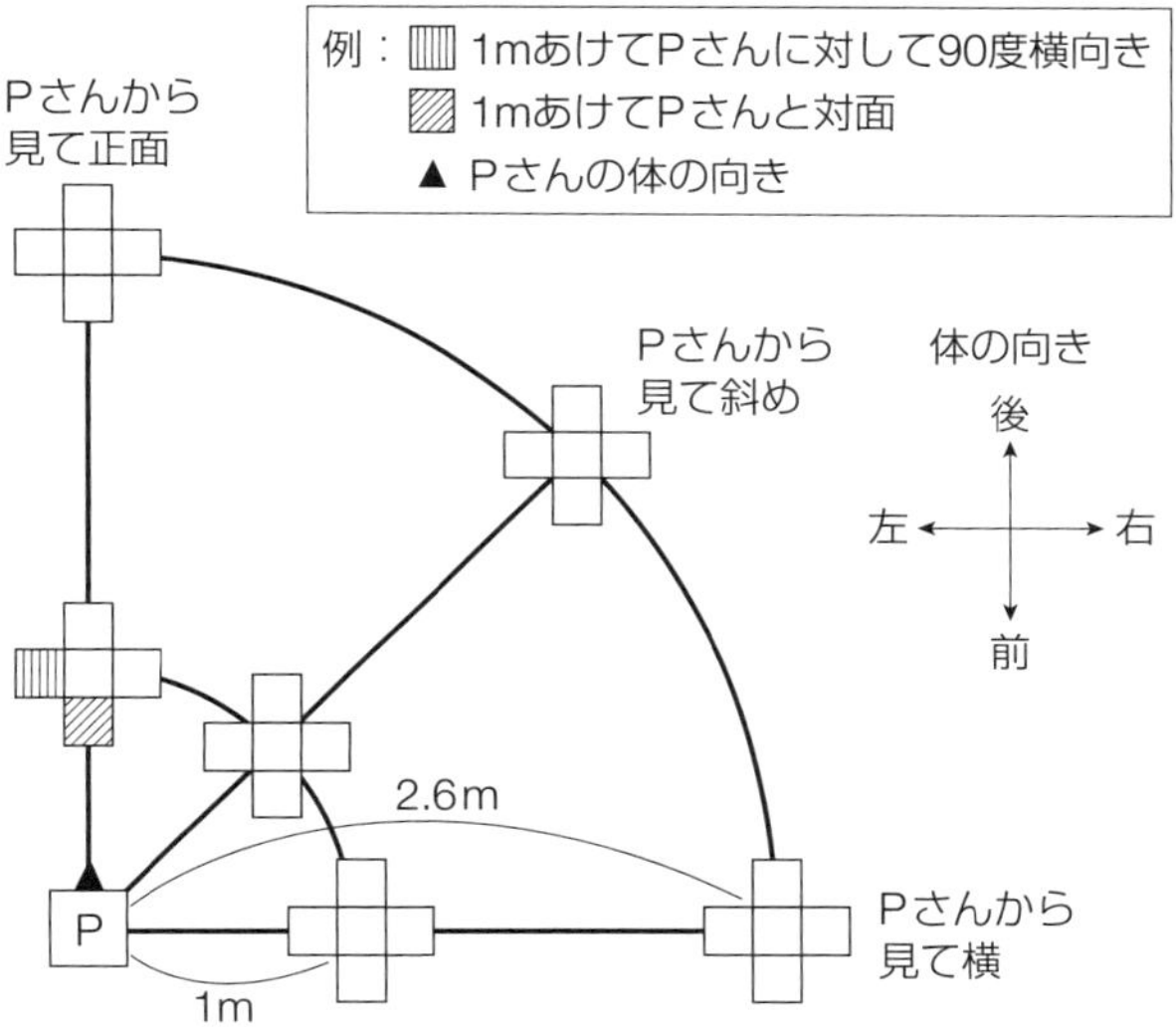

図6-4　実験で用いた座席配置

（山口・板垣・春木『ヒューマンサイエンスリサーチ』1996, 5, 101−109）

人よりは初対面の人で緊張感が高くなる。身体の方向に関しては相対する場合に親密感が増し、そうでない場合には親密感が低まり、後ろ向きになる関係では、最も低くなった。

ここで考えられるのは、座席配置でも視線が大きな役割を占めていることである。そこで視線を剝奪して、座席配置の効果を調べた実験も試みられたが、それでも座席の効果が見られた。しかし実際には対人距離や座席配置の効果はこれらさまざまな要因が総合されたものであろう。

座席配置において座席のとり方

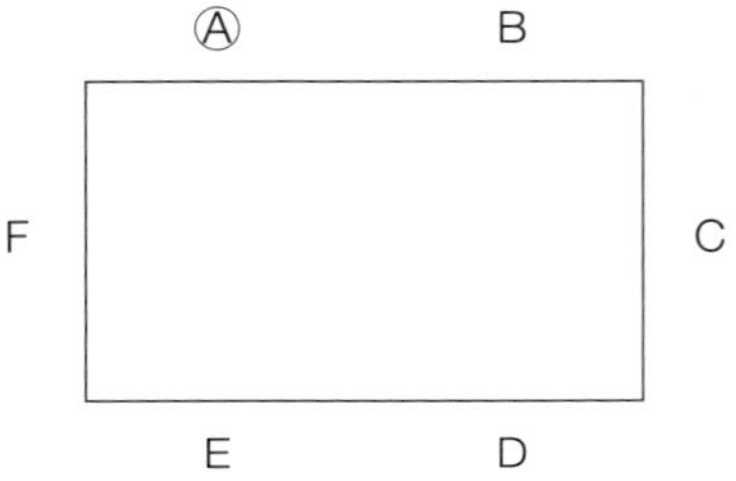

（Aは相手の座席）

図6-5　座席配置図

によって、コミュニケーションのあり方が異なることを示した実験がある。実際に座席配置に着くのではなく、配置図を見て実際の着席行動をイメージしてもらうという方法であったが、**図6―5**に示されているようなAに座っている他者に対して、BからFまでのそれぞれの座席に着いて、相手を説得するあるいは説得を受ける状況をイメージしてもらい、そのときの気分について回答してもらった。

結果は、Bのように近い距離の配置の場合には、ポジティブな気分が感じられ、説得も強く感じられるようである。これはEやFでも同様であった。一方Cのように遠い距離では、反対にネガティブな気分で、説得力も乏しくなるようである。Dについては、ネガティブな気分であるが、はっきりしない状態であった。B、E、Fは同じ傾向であったが、EはBやFと比べるとやや緊張感が高く、親しみ感や打ち解けた感じが低く、活発感や強引感が強いことがわかった。

また円卓についても調べたが、Aの隣席になる二ヵ所の席については、前述のBやFと同じようにポジティブな気分であったが、他の三ヵ所の座席については、はっきりとしない気分であった。

対人空間(距離)と座席配置の意味

人間関係については、心理学では社会心理学や臨床心理学といった分野で多くの議論がなされているが、ここで示したような観点からの人間関係についてはあまり議論されていない。ここでの人と人との関係は物理的な空間から見たものだが、このような空間が無意識のうちに心理的な状況を作っているのである。この性質は先にも述べたように生物的なものである。

社会集団間ではしばしば縄張り争いが起こる。これは動物から人間まで同じような現象を見ることができる。国境争いは絶えることがないし、同業者間では、シェア争いが激しい。

この現象は個人間でも見られる。個人を中心にして、少なくとも密接空間は通常は他人の侵入を許さない空間である。したがって誰でも経験していることであるが、ラッシュアワーの電車や混んだエレベータは不快なのである。しかし逆にお祭りのようなときには、押し合いへし合いして、密接空間を共有することで、親密度を高めることができる。

あるいは二人で作る空間も侵しがたいことがある。たとえば二人で二メートルぐらいの空間をへだてて、対話をしているとき、この空間は二人が占有する空間となるため、第三者はその二人の間を通過することはできない。あえて通過するときには挨拶が必要である。これが三メートル以上になると通過できる。

座席配置については、前述した実験や調査の結果は、誰しも納得のゆくものだろう。空間の質が私たちの心理状態を支配しているのである。テーブルの結果はたとえば面接（試験、相談）において、参考になることがあるだろう。圧迫面接のときは、対面でやると効果が出るかもしれないが、逆に相談のときに対面は好ましくない。横か九〇度の配置が好ましいのである。

また四角いテーブルと丸テーブルの違いも意味がある。四角いテーブルは配置によって気分の違いがかなりはっきりしている。したがって、たとえば会議をまとめるためには、リーダーが占める位置は短い縦の位置がよく、メンバーの自由な意見を活発にするためには、リーダーは長い横の位置に座るのが好ましい。円卓の場合ではどの位置も特徴がないので、なるべく平等の感覚で会議を進めるときには好ましい。

逆に円卓で会食するときにはどこに座るべきか、迷うことがある。つまり上席がどこかわからないからである。そのため入口に近いところが下の席であると環境条件で決めたりする。あるいは主賓の席が決まると席に多少の違いが生ずるので、そこでようやく決まったりする。このような現象は空間が持っている心理的な性質がもたらすものである。このような性質を無視することはできない。

8　対人接触について

対人接触の性質

対人距離がゼロになったものが接触である。対人距離についてはさまざまな問題が見られたが、対人接触に関してもそれ以上の問題があると考えられる。

身体接触に関して有名な子ザルの研究がある。生後すぐに子ザルを親から離して人工飼育した。そして針金でできた模型の母親から授乳される子ザルと毛布で包まれた模型の母親から授乳される子ザルと二通りの異なった育て方をした後、テストとして二つの模型を並べておいた場所でどちらの模型の母親で長い時間を過ごすかが観察された。

予想されたことは授乳された模型のほうが好まれるだろうということであった。しかし結果は針金の模型で授乳された子ザルでも毛布の模型の母親に触れている時間が長かったのである。このことは子ザルにとって乳が貰えることよりも、毛布の接触感が重要であることを示すものであった。

母親から引き離されて人工的に育てられた子ザルは死亡率が高くなるといわれている。このことは親との接触が子ザルにとって重要なことであることを示している。同じことは人間の母子関係についてもいわれるようになってきた。

一方で大人の場合、関係のない他人に勝手に触れることはできないものである。特に異性間でははっきりしている。これがどのようにして成立したのかは、あまり明らかではない。道徳教育の結果であるかもしれないが、かなり生物的に決められているところもあるように思われる。

たとえば鈴木晶夫と筆者の調査を紹介しよう。大学生を対象にして、過去一年間に父母、友人（同性、異性）との間での接触の頻度を回答してもらった。その結果は相手によって多少の違いはあったが、一般的にいえることは、体の部分によって接触の頻度は異なり、頭、肩周り、腕と手、背中は接触があるが、顔、胸や腹、腰周り、足、尻は極度に少なかった。

つまり接触については、禁止されている部位があるわけである。この結果は学習というより、性的な問題が絡んでいることが推測されることから、かなり生物的な理由による現象のように見える。

さらにこの調査では学生に幼稚園、小学校、中学校、高校、大学と各時代に父母、友人(同性、異性)とどの程度接触をしたか、回想してもらった。その結果は**図6—6a**と**6b**(一四六頁)に示されているように、一般的には年齢とともに減少していることがわかる。男性は父母との接触は中学以降はほとんどなくなるが、女性においては母との接触は少し残る。友人との接触は多少減るが、あまり変わらない。大学に入って異性との接触が少し増えるのはうなずけよう。この調査はその後、三年おきに繰り返したが、結果はまったく同じであった。このことは対人接触がかなり生物的現象であることを示唆している。

対人接触は通常は意識的、意志的なオペラント反応であると考えられているが、一方でレスポンデント反応(反射)の側面を持っていることが示されたといえる。したがって対人接触は両方の性質を持っているので、レスペラント反応(反射/意志的反応)に属するものである。

対人接触が心理に及ぼす効果

対人接触の実験は、その性質上やりにくいことが多々あるので、データは少ないが、大

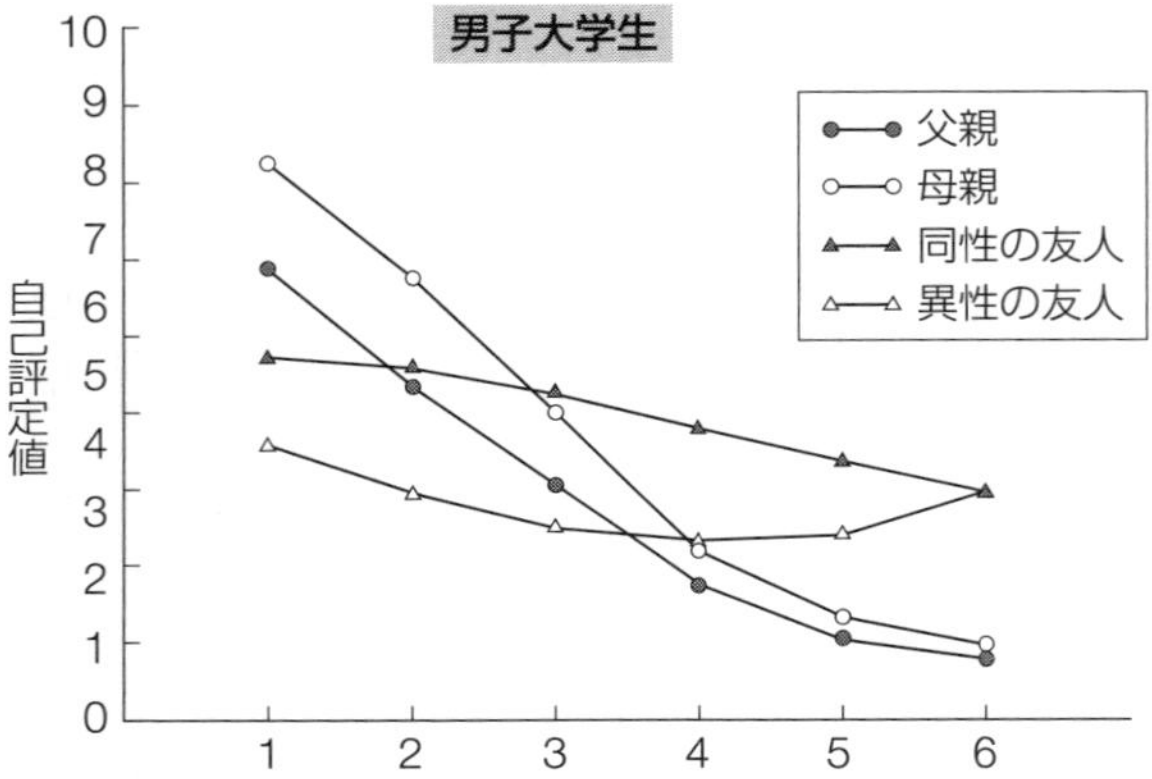

横軸

1：幼稚園まで
2：小学校1年から3年まで
3：小学校4年から6年まで
4：中学校時代
5：高等学校時代
6：現在

図6-6a　男子大学生が各対象から身体接触を受けた自己評価の変化

（鈴木・春木『早稲田心理学年報』1989, 21, 93−98）

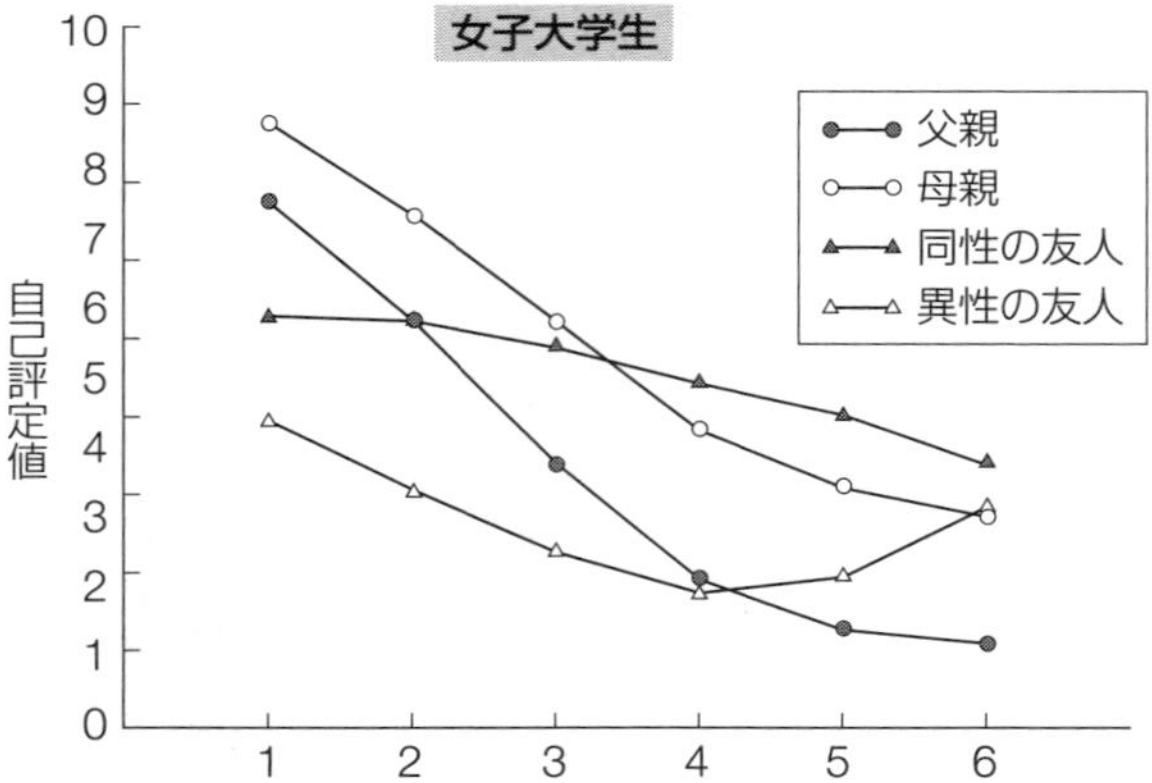

図6-6b　女子大学生が各対象から身体接触を受けた自己評価の変化

（鈴木・春木『早稲田心理学年報』1989, 21, 93−98）

学生の同性間で行った実験がある。あらかじめ幼児期における両親との接触頻度の高低を調査しておく。実験で接触する身体部位は肩と腕の二ヵ所、接触の仕方は、「手をただ置く」「軽くたたく」「撫でる」の三パターンとする。そして接触した後に、気分評定票で接触に対する心理的影響を回答してもらった。

結果は身体部位に関しては、肩のほうが腕よりも、うれしさ、落ち着き、親しみ、励まし、の気分が強かった。また興味深いのは、不快感について、男性は肩と腕では違いがなかったが、女性では肩は男性よりも不快感が少なかったが、腕は男性よりも著しく不快感を示した。触れ方に関してはただ手を置く触れ方は、他の触れ方より緊張感を高めた。軽くたたく接触は、励まされた感じがより高かった。

また、幼児期における両親との接触の程度が高い人は、接触に対して、親しみの感じと励ましの感じをより高く感じており、程度が低い人は緊張感をより高く感じていた。

対人接触は被験者の了解の下でなされたものであり、どうしても制約があるが、このデータは貴重なものである。肩も腕も比較的触りやすい身体部位であるが、それでも両者の間に差異が見られたことは、接触に対しての心理的効果は微妙なものがあることがわかる。肩は感じ方が豊かであるといえるかもしれない。

触り方によって感じられるものが違うことも興味深い。ここで行った触り方以外にも多様な触れ方があると思われるので、接触には奥が深いものがある。また幼児期における両親との接触の多寡が現在の接触感に影響していることも興味深い。

幼少期での両親との接触や友人との接触の多寡がもたらす影響に関しては、孤独感に関する調査がある。孤独感を構成する「人間同士の理解・共感ができる（孤独感低い）」と「人間の個別性に関する気づき（孤独感高い）」に関して調べたところ、幼児期・児童期における父親と母親との身体接触の高低との関連が見られた。すなわち母親との接触頻度が高いと共感ができるという結果が見られ、父親との身体接触が低いと個別性を意識するという結果になった。友人との接触の多寡と共感には関連が見られなかった。このことは幼少期における親との接触が、成長してからの孤独感に影響することを示している。

パーソナリティとの関係に関する研究もある。大学生を対象にして、幼児期と児童期における両親との接触頻度と現在における父親、母親、同性の友人、異性の友人に対する自己開示の程度に関して関係を調べた。

その結果は男女大学生において、過去に接触の多かった者は少なかった者よりも、いずれの相手でも開示の程度が高かった。また開示の程度は同性の友人に対して最も高く、父親が最も低かった。このことは大学生では同性の相手との身体接触が多く、父親との接触は少ないという、身体接触の状況と関係があるかもしれない。

幼児期の両親との接触とパーソナリティとの関係の研究は、依存性、シャイネス、自己受容・他者受容などについてなされていて、いずれも関係があることが示唆されている。

山口創、山本晴義、筆者のグループでは、幼少期における両親との身体接触の多寡と心療内科的疾患(不安や抑うつ)との関係を通院者について調べたところ、女性の患者に関して**図6―7**(一五〇頁)に見るように、幼少期の母親との間の身体接触が、健常者に比べて少ない傾向が見られた。また男性患者に関しては、逆に発達段階後期においても両親との接触が健常者に比べて高い傾向が見られた。

これらのことは身体接触のあり方が、成人してからの疾患に関係するかもしれないことを示唆している。

身体接触の意味

人間関係は日常生活において常に問題になる。いわゆるストレスの主要な原因でもある。この問題についての対人接触からの考察は少ない。人間と人間との関係の原型は身体接触にあるといえるだろう。個体間の関係を調節するとされているサルのグルーミングはこのことを示している。

身体接触のもとは母子間の接触から始まる。子ザルが母親に縋りついている姿が母子の

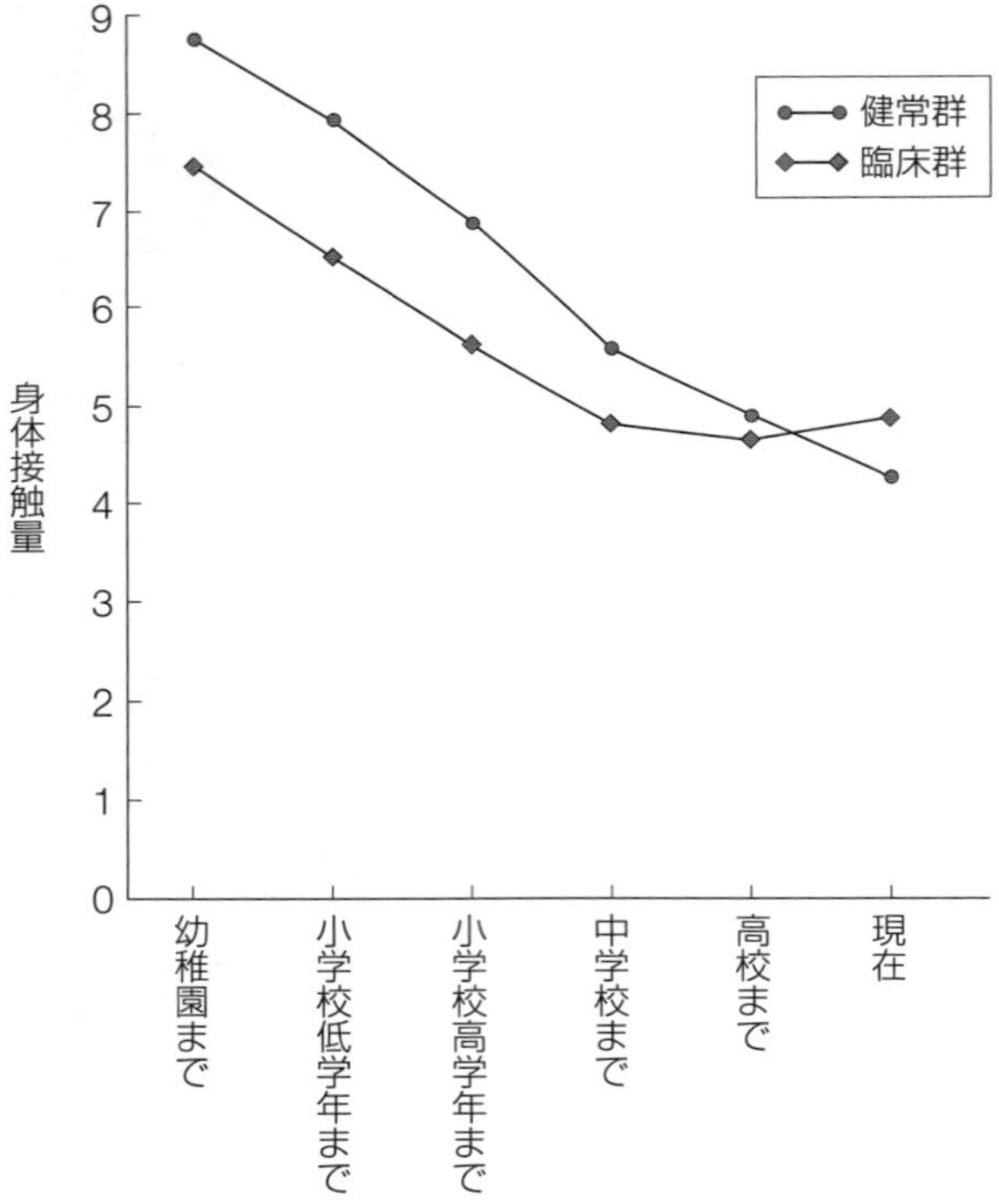

図6-7　母親からの身体接触量と心療内科疾患（女性）

（山口・山本・春木『健康心理学研究』2000, 13, 19−28.）

つながりの原型である。人間においてもこのことは同じである。これは心理学では乳幼児の母親への「愛着（アタッチメント）の研究」として知られている。乳幼児は母親を常に安心の基地にしているということである。このような母子間の絆は、母親との身体接触なしには築かれない。

母子間の接触の様相は、外出時の母子の歩き方でよくわかる。少なくとも幼稚園時代までは、手をつないで歩く姿が見られる。しかし小学校に入るとそのような姿は急速になくなる。子どもと両親との間の身体接触の変化は、人間発達の様相を教えてくれる。すなわち親子間の身体接触は本来は必須のものであるが、ある段階から必要ないもの、あるいは禁止されるものとなる。このことは発達に伴う親子間の分離独立を如実に表しているものといえる。

他人との間の身体接触は、同性の間では年齢による変化はあまりないが、異性とでははじめから少ない。通常は小学生から高校生までは同性同士で群れることが普通であり、異性と群れることはほとんどない。これはサルの集団でも同じであり、生物学的な現象であるといえる。成人においては、対人距離で見たように、個体は自分の周りに縄張りを抱えているので、同性間でも接触は少なくなるが、さらに異性間の接触は厳しくなる。

このように身体接触は人間の絆の中核をなしていると同時に、一方では身体接触をしないことは個人の独立と尊厳のしるしでもある。たとえばこのような精神の萌芽が育つ中学生や高校生では、みだりに触れられることは嫌がられるものである。このように身体接触は二律背反の性質を抱えているといえる。

成人においては身体接触は回避されるものであるがゆえに、逆にこの壁を破って身体接触をすることは、人間の絆の中核に迫る行為であるため、精神的に劇的な効果をもたらすことがある。身体接触を仕事にしている、理学療法士、看護師、介護士などの職業人は、この観点を持つならば、その仕事の意義が深まるに違いない。

第7章　新しい人間の全体像

人間を理解するためのキーワード

これまで述べてきたことは、読者にとって常識とは異なる異端の学説と映るかもしれない。しかしここで一ついえることは、このような考えを提案することによって、人間に対するいままでの固定的な観念を打破し、人間についての理解を広げ、深めることになるのではないかということだと思う。

そこでこの章では、人間を俯瞰的に考察し、ここまで述べてきた身体心理学の意味を改めて考え、そこからさらに深めていくことにしたい。

人間を理解するために、精神と身体に分ける二元論は通念になっている。しかし筆者は人間の全体像をもう少し具体的に理解するために、まず五つの次元を提案したい。五つの次元とは、「身体」「精神」「自然」「社会」「行動」である（図7―1）。なお、ここではこれまで用いてきた体を身体、心を精神、動きを行動と呼称している。ここでは精神と身体の他に環境としての自然と社会を問題にしなければならないことを示した。

またいままで述べてきたように、精神と身体の他に行動という次元の独立を強調している。動きは身体を通じ見られるものであるため、どちらかというと身体に属するものと理解されがちであるが、ここでは身体は物体としての肉体を考えているので、動きは身体と

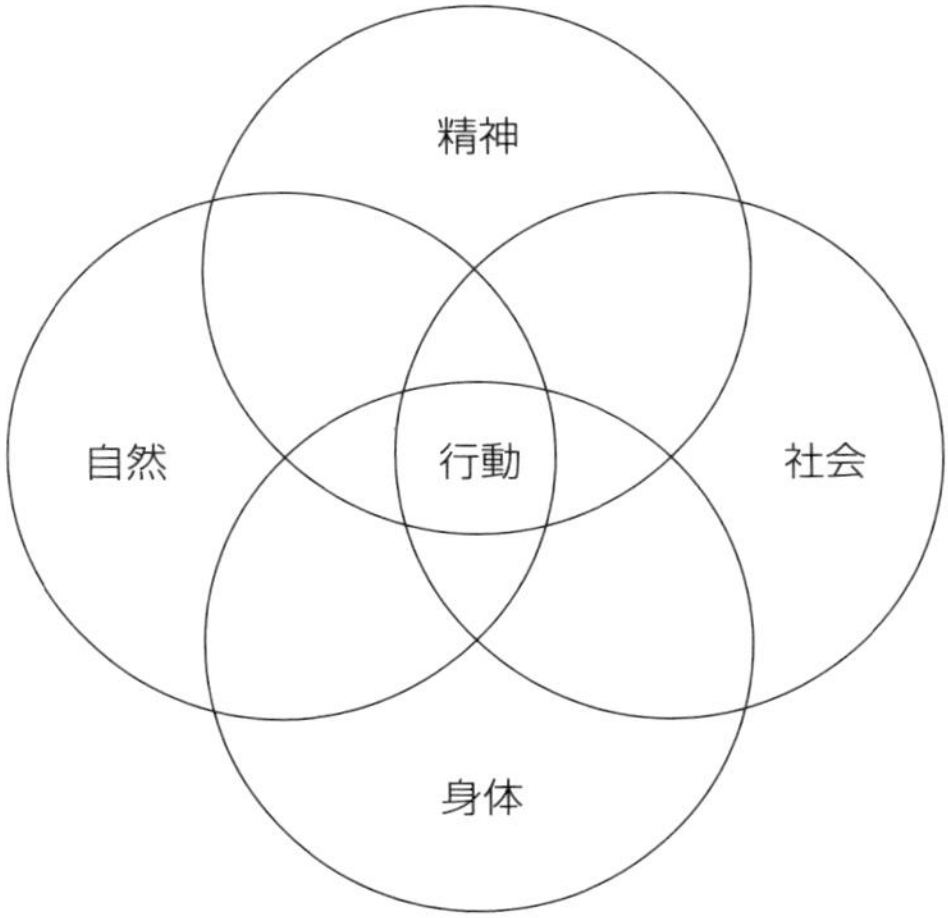

図7-1　人間のモデル

は異なるものと考える。

一方で動きはいままで精神によって起こされるものであり、精神の表現であると理解されてきた。このように行動は身体や精神に付随する現象とされ、その価値はいままで認められてこなかった。

しかしここで指摘したいのは、身体も精神もそれぞれ実体というよりも、人間を理解するためのキーワードに過ぎないということである。それと同じ意味で、行動も人間を理解するためのキーワードである。これを付け加えることにより、より確かで豊かな人間理解に迫れると考える。

このような考えから図7―1に示さ

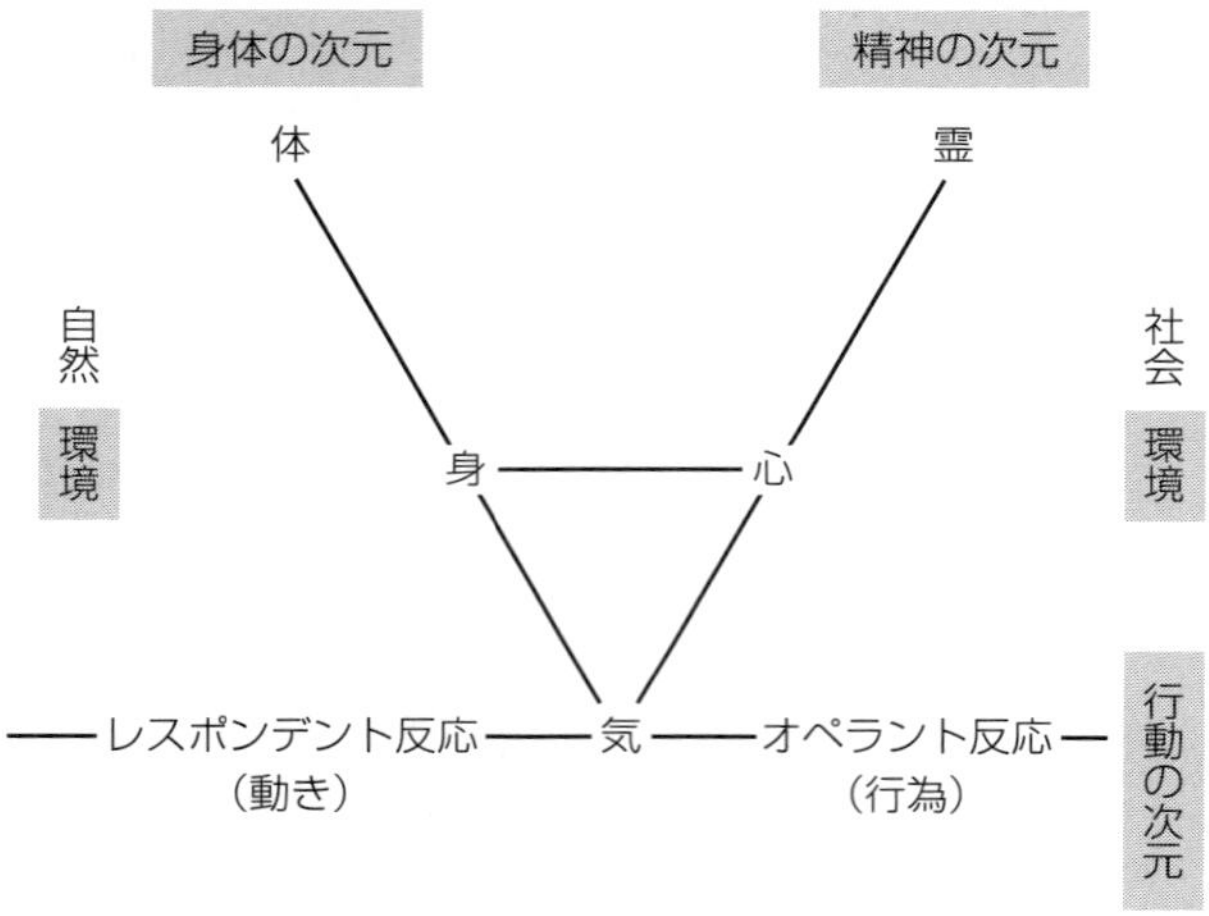

図7-2　新しい人間の全体像

れた人間を理解するための次元に、さらにいくつかのキーワードを加えて、人間の全体像についてより深く考えたいと思う。このためにまずこれから取り上げるいくつかのキーワードを**図7―2**のように示しておくことにする。

身体（身・体）の次元

身体は「体」と「身」に分けて考えることができる。体は最近の医学において示されているように、ますます物質化、物体化が進んでいる。

体を物体・物質と見る見方の歴史は長い。二〇世紀以降、幾分あいまいなところがあった生命に関しても遺伝子のメカニズムが解明されたことにより、あっという間に生命もかなりの程度までコントロールできるようになってしまった。遺伝子工学によって、生命（生物）の合成がなされようとしている。あるいは臓器移植は明らかに臓器の部品化である。あたかも車の部品を交換するように、人から人へと移し代えることができるようになった。

このような医学の現状を進歩と見るか、破滅と見るかは個人の価値観によるが、確かなことは体は物体であるという物質観・物体観をますます深めることになっているということである。

これに対して、身はどうであろうか。現代の医学では身体のうちの体だけを扱っていて、身は放棄されてしまっている。現代人も身に関しての関心は薄れているのが現状のように見える。

しかし身という言葉は、日常かなり使われているのである。たとえば魚の切り身という場合、身は肉を表すような意味に使われる。これは体と同じといえる。しかし身は体以上の意味内容をも含んでいる。「身構える」というと体ではあるが、単なる体ではなく、体のありようを示しているといえる。あえていえば、「心構え」に通ずるものである。

さらに体の意味を離れて、「わが身」や「御身」というときには、体ではなく自己や他者を表す言葉になっている。また「身内」というときには、仲間を表す。「身分」となると明らかに人間の社会的な意味を表している。

さらに心の意味すら持つことがある。たとえば「身を焦がす」とは明らかに心の状態を表している。「身に沁みてわかる」とは理解の仕方が深いことを意味しているといえる。

このように、身は身体的な意味を含みつつ明らかに体とは異なる概念として、日常使われている。身は物質や物体とは異なっている。体が物体化・物質化すればするほど、身は体とは異なる身体の別の意味を強調する意義を持っている。すなわち身は物質的な存在としての体とは異なり、それ自体で心をも含む概念なのである。東洋では精神と身体を分けないという心身一元論が謳われているが、実は身のみで心身一元的なのである。

精神（心・霊）の次元

身・体の次元に対して、精神（心・霊）の次元はどのように考えられるであろうか。まず「心」である。心というと精神のことであると思うのが一般的であろう。これは間違いではないが、一歩深めて考え直す必要がある。心という字を辞典で引いてみると、まず第一の意味として、心臓のことと書いてある。この意味は現代人にとってはほとんど死語になっている。しかし語源的にいうと、心という字は心臓の象形文字であるといわれている。ちなみに中医学（東洋医学のこと）における経絡図で、心経というと心臓系を意味する。このように心の元来の意味は心臓である。

しかし、現在では心は精神の意味にもなっている。つまり心は身と同じように、その言葉自体で身体と精神の意味を含んでいる概念であるといえる。このことは注目すべきことであろう。心身一元論であるという以前に、心は身と同じように心の一字で心身一元的なのである。

次に「霊」の概念について少し考えてみたい。まず心との区別を考えておきたい。現代では体は精神とは関係なく、ますます物質化してきているが、体の唯物化が進むほど人間の精神面が希薄になる傾向がある。果たしてそれでよいのであろうか。この危惧を解決するためには、物質を排除した純粋な精神の存在を考える必要がある。そう考えると、心は体と関係があるので、心とは異なる概念を持ち出さねばならない。それを「霊」と考えたい。聖霊とか霊魂とも表現される。

心は体とは切り離せないものであるために、体が死んでしまうと一緒に喪失してしまう。このことは自明のこととして、現代では理解されている。しかし一昔前までは、霊魂は肉体が滅ぶと体から出てゆくものと考えられていた。つまり霊は体とは切り離された概念なのである。

遺伝子工学の進歩によって、クローン人間の出現が取り沙汰される現状において、物質のみではない人間のあり方を回復するためには、心の他に霊といった概念を必要とするように思われる。霊の実体は何かといったことは、ここでは論ずることをひかえよう。これは心理学ではなく、宗教が考えるテーマであろう。

物質としての体は、再三述べてきたように、現代では科学によって、完全にその実体が理解できると確信されている。一方、心に関しては、一般には科学で完全に理解できるという確信はないかもしれないが、それでも心は体を含むものであるから、心理学のように科学的に理解することが可能であろう。しかし物質としての体とは完全に関係のない存在としての霊を想定したいという立場からは、霊は科学という認識の仕方の適用範囲外の概念であると考えたい。

行動（行・動）の次元

繰り返し述べてきたように、行動は身体や精神とは異なる独立した次元として考えていきたい。行動という言葉は日常生活でも心理学でも使われている概念である。日常用語では行為という言葉とほぼ同義であろう。心理学では動物の行動と同じように、人間でも環境や心との関係の中で体を動かす、移動する、といった意味で行動という概念を使う。

しかしここではそれとは異なった使い方をすることにしたい。行動は「行」と「動」とに分けて、「行・動」と理解したい。「行」は行為である。そして「動」は反射、体動、動作を含むものである。この行・動には反射（レスポンデント反応）と意志的反応（オペラント反応）、そして反射／意志的反応（レスペラント反応）があることはすでに述べてきた。行為はほぼオペラント反応であるといってよいが、動きはレスポンデント反応やレスペラント反応があるということになる。

気について

人間の全体像を考えるとき、以上述べてきた諸次元と諸概念の他に、もう一つ必要な概念として、「気」をあげておきたい。これは次元ではなくそれらを統一した、あるいは包含したものとしての概念である。この詳細に関しては、次章で再び取り上げるが、そもそも気という概念は、中国において使われ、哲学思想や中医学や気功のような実技と関係して古代から問題にされてきた。その詳細はここで論ずることはできないが、気の概念は長い歴史の中で、さまざまに理解されていて一様ではない。

そこで本書では、気を人間のさまざまな側面を成立せしめている「統一的な根源としての概念」としておきたい。気は万物の根源として理解するのが本来であると思われるが、ここでは人間の身体、精神、行動などの根源であるとしておきたい。

「元気」は天地に満ちているエッセンスあるいはエネルギーであるといわれている。ここでも元気は自然、社会、人間に充満したエネルギーと考えるが、特に元気は人間の根源をなすものとして考えておきたい。

新しい人間の全体像

図7―2（一五六頁）をもう一度見ていただきたい。いままで述べてきたように、身体の次元は、物質としての体と心を含む身に分けた。精神の次元は体を含む心と、体をまったく含まない純粋な精神としての霊とに分けた。そして行動はレスポンデント反応とオペラント反応とに分けた。

さらに各次元は、一つに収斂《しゅうれん》していると考えた。その収斂点が「気」であることに注目していただきたい。ここで示した人間の全体像は、換言すれば深さを含んだものである。行動の次元、身体の次元、精神の次元は人間の深みにおいて、気として一体となり、融合されていると考えるのである。

第8章　人間の根源の様相

自然科学の限界

第6章では動きの意味を強調するために、ジェームスの理論に従って、動きを独立変数（原因）として、心理（主として気分や情動）や生理（心拍など）を従属変数（結果）としたパラダイムによって明らかになった諸事実を示した。これは動きと心の関係を理解するために、科学的な手続きに従ってなされたものである。

しかし動きや体や心の間の因果関係は、バンデューラの相互決定論にあるように、相互に因果関係にあると考えるのが正しい。したがって心が動き（行動）に影響し、逆に動きが心（気分や情動）に影響し、また体が動きに影響し、動きが体（生理）に影響することがあるのは当然である。心と体の間の関係も同じである。

しかしこのような分析が可能であるのは、動きや体や心が独立して特定できる（操作できる）場合である。実は一般的にいって、心理学では、自然科学と比較して、この点で難しいところがある。第6章で取り上げた諸実験で、このことを感じた読者がいるかもしれない。

特に動きを独立に操作することは、困難である。動いてもらうためには、意識（心）してもらわねばならないからである。つまり動きの前に心があることになってしまうのである。

この問題を考えると、特にここで取り上げている動きと心の関係は自然科学のような分析的な因果関係のみで考えることには限界がある。このことについて次に問題にしたい。

動き、体、心の相即

二者間の関係は、因果関係とか相関関係といったことで、科学的に知ることができる。この方法については、批判をする余地はないだろう。しかし前述したように、動きは体や心を含んでいるため、それらの間の因果関係を特定することは、非常に困難である。

このような事情は、西田幾多郎が哲学において主観と客観の問題に取り組んだときのことと似ているように思われる。この問題の深い哲学的論点についてはここでは触れないが、長年の哲学的課題として、ものの認識において、認識対象が優先するか、認識が優先するかが問われてきた。対象があるから認識できるという対象の客観性を重視するか、認識できてこそ対象の存在があるとする主観性を重視するかの問題である。

これに決着をつけるために、西田は『善の研究』において「純粋経験」という概念を提示した。これは主観や客観を議論する以前に、「経験」があるとする考えである。このことから西田は「自己があって経験する」のではなく、「経験があって自己がある」ともいっている。

この場合、間違ってはならないのは、ここでいう経験とは主観的経験ということではなく、客体と主体が出会って、そこで生ずる出来事ということであろう。別の説明をするならば、対象である客体と認識する主体とが、一つになっている状態である。このような状態を二者が「相即」していると表現する。つまりこの経験には何も前提がない。ただそこに経験があるということである。そしてその後に主体や客体あるいは主観や客観というような分析的な区別をすることになるのである。そのような経験を西田は「純粋経験」といった。

純粋経験を知ることとは、分析的になされるのではない。分析的に知るということは、すでに純粋経験を対象化し、客観と主観に分けて、主体が客体を知るということになる。そうなると純粋経験そのものを知ることにはならなくなってしまう。したがって経験には手を加えないで、経験それ自体を経験するしかないということになる。換言するならば、直接経験する、あるいは体験するということになる。花を見て美しいと感じる経験は、言葉で記述することができるとしても、経験そのものは体験するほかないのである。

西田の哲学は経験というものについての認識論であった。しかしこの考え方を動きと体と心の経験になぞらえてみたい。

すでに述べてきたように、動きと体と心は人間の根源において、一体となり、融合していると考えた。ここにおける経験は、原因と結果といった分析的な因果関係で理解する前に、経験そのものを体験しなければならないと考える。その上でどれかを原因として、他のものへの影響（結果）を分析的に理解するということはある。

西田の純粋経験は、分析する前の経験そのものを指摘したものであるが、ここでは動き、体、心に分けられる以前の経験を指摘し、人間存在の根源の経験、いわば心身一如の経験を強調しておきたい。次にその様相を明らかにしてゆこう。

動き、体、心の相即の様相

まず動きは体的性質を持つレスポンデント反応（反射）と心的（意志的）性質を持つオペラント反応に分けられるが、体と心が二重になっている反応としてレスペラント反応（反射／意志的反応）の存在を指摘した。体と心に密着した反応はレスペラント反応である。レスペラント反応には、すでに述べたように、呼吸、筋反応、表情、発声、姿勢、歩行、対人距離、対人接触がある。これらの反応は人間の根底にあって、心や体の相即の間柄を形成している。

体は物質としての性質から始まって、生命の性質を持つに至り、さらに感覚器官という精緻な構造を備えて、その結果感覚という性能を持つに至った。このような感覚を備えた体は動きとあいまって、心を生み出した。生まれた心の原始的な状態は、気分、情動といわれる種類の意識であると考えられる。

そこで体と心を結び付けている根源的要素は、感覚と気分であると考えられる。動きと体と心とはレスペラント反応、感覚、気分において、人間の根底で結ばれ、一体となり、融合していると考えるのである。

さらに付け加えるならば、ここでいう感覚はいわゆる五感というよりも、さらに根源の感覚としてのレスペラント反応によって起こされる身体感覚（体性感覚）が重要であると考える。

そして感覚と気分はほとんど区別することができないことに注目したい。たとえば緊張という状態は、筋反応が起こす緊張感覚と気分の緊張とは判別できないであろう。ジェームスがいうように、筋緊張のない気分だけの緊張は考えられない。呼吸においては、呼気がもたらす沈静感覚と沈静気分とは一体である。このように身体感覚と気分は元来分けられないものであると思われる。

そこでここでは感覚と気分を一つにした造語として**「気感」**（気分／感覚）という言葉を設けることにする。ここで注意しておきたいのは、中医学や気功において、気感という言

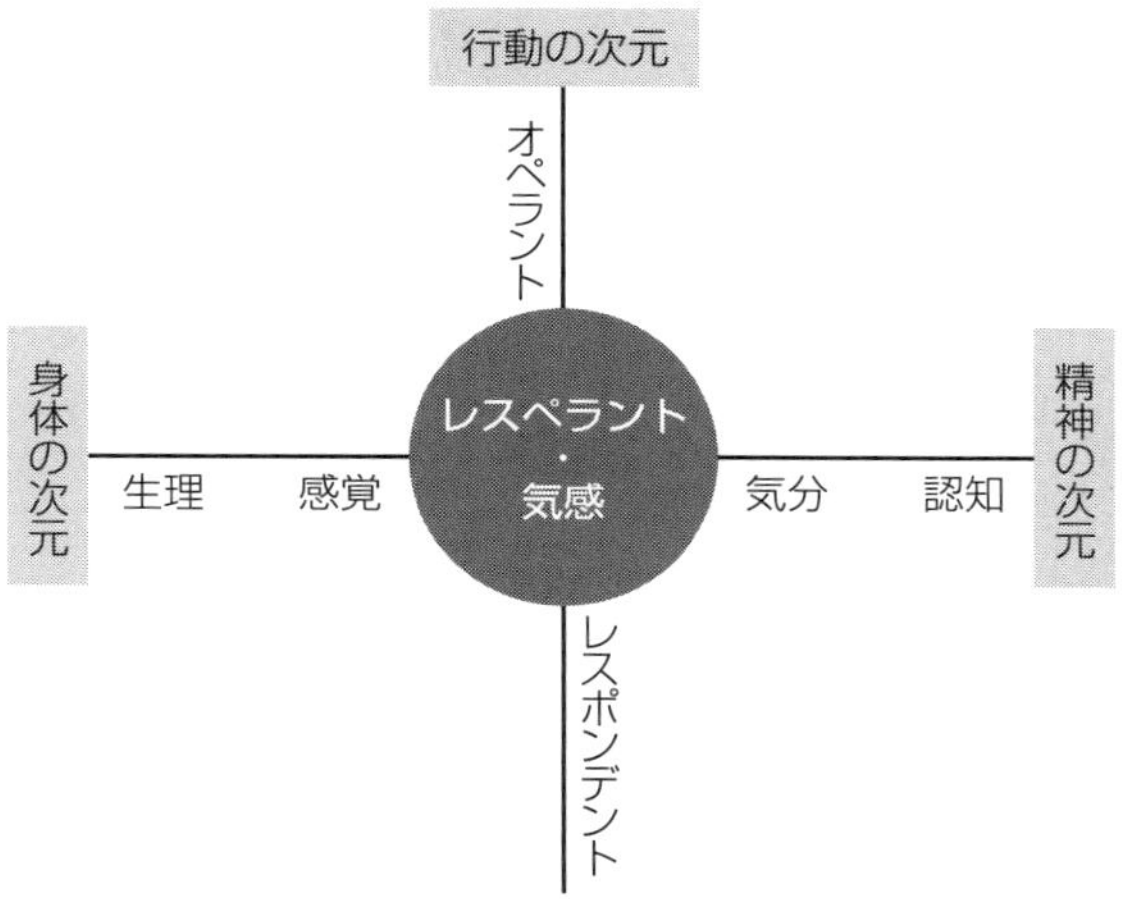

図8-1　レスペラント反応，感覚，気分の相即

葉が使われているが、ここでいう気感とは似て非なるものであることだ。

このようにレスペラント反応、感覚、気分は一つに融合したものであって、分けることはできない。人間の根底において反応を媒介にして、「心身一如」をなしているといえる。これらの関係は**図8—1**のように示すことができる。心身一如という言葉は昔からいわれてきたが、体と心のみを観念的に考えている限り、一如にはならないと思われる。そこに動きを挿入することによって、可能になると考える。すなわちレスペラント反応を実行して、気感を経験することによって心身一如を体感できるのである。

すなわち、心身一如は、論理によって

到達することではなく、実践による直接経験（体験）によってのみ知ることができることなのである。

レスペラント反応と気感の相即

動きと体と心の三者が一体となっている領域は図7―2（一五六頁）に示したように「気」と称したところである。気として三者は一つである。一つということは、三者が融合しているということである。第11章で取り上げるように、この領域のワーク（訓練）はレスペラント反応（反射／意志的反応）を実行することなので、レスペラント反応を軸にして、三者の関係をまとめておくことにする。レスペラント反応と気感（気分／感覚）の関係は**表8―1**のようになる。

なおこの関係には特別な論理的な根拠があるわけではない。筆者がレスペラント反応の動きをしたときの直接経験（体験）から考えられたものである。もちろんこれを検証する必要があることはいうまでもないが、それは多数の人たちが同じような体験をすることができることによるほかない。

以下に、表8―1について、若干の説明をしておくことにする。

レスペラント反応	気感（気分/感覚）
呼吸	興奮一沈静
筋反応	緊張一弛緩
表情	快　一不快
発声	開放一閉鎖
姿勢	覚醒一まどろみ
歩行	活発一不活発
対人空間	親密性一疎遠
対人接触	安心一不安

表8-1　レスペラント反応と気感の関係

①呼吸反応と興奮—沈静

呼気においては沈静が経験される。吸気においては興奮が感ぜられる。これについては生理学的にはある程度理論があって、呼気においては、自律神経の副交感神経が優位になり、吸気においては交感神経が優位になるといわれているので、呼気は沈静の気感が体験され、吸気は興奮の気感が対応するのであろう。

②筋反応と緊張—弛緩

筋反応をすることで緊張の気感、筋反応をしないことで弛緩という気感の体験がされる。すでに述べたように緊張にせよ弛緩にせよ、感覚と気分は区別できない一つの体験である。筋肉の緊張の感覚は同時に緊張の気分でもある。一方で緊張の気分は筋肉の緊張の感覚でもある。筋反応の緊張は動きと感覚と気分が一つの体験であることを最もよく示してくれる経験である。

ところで以下に他のレスペラント反応を取り上げてゆくが、混乱を避けるために前もって述べておきたいことは、すべての反応はいうなれば、筋反応であるということである。たとえば表情は顔面の筋反応であり、呼吸反応は胸郭の筋反応である。しかし興味深いのは、筋反応が起こる部位において、対応する気感が異なって体験されることである。たとえば緊張や弛緩で述べている筋反応は主として、四肢や軀幹の筋反応である。

③表情と快—不快

特に皺眉《しゅうび》筋（両眉毛の間）の緊張は不快という気感に直結しているように思われる。また口角の上方への緊張は快の気感に関係しており、下方への緊張は不快に関係している。さまざまな表情反応の感覚は気分と関係していて、顔面において三者は一体となって経験されるといえる。

④発声と開放—閉鎖

ここでは基本的には単音の発声について取り上げている。総体的に発声は開放—閉鎖の気感と関係している。開放的な発声と閉じこもる発声がある。たとえば「アー」や「オー」で開放、「ウー（ムー）」で閉鎖的気感を感ずることができる。ストレスのあるときに、思い切って「アー」や「アーァ」と大声を出してみると、すっきりすることがあるが、これは鬱積された気感を開放するからである。

⑤姿勢と覚醒―まどろみ

背筋を伸ばし、顔面を正面に向けることによって、覚醒の気感が体験できる。逆に背筋を曲げるとうつ（まどろみ）的な気感になる。

⑥歩行と活発―不活発

歩行が持つテンポやリズムやその他の属性によって活性化の程度は異なるが、基本的には歩くことによって、心身の活動を活発にすることは誰でも知っていることである。一般に歩くことは、運動（オペラント反応）の一種と理解されており、メタボ対策として推奨されたりしている。つまり体の健康のために効果があるとされている。これは間違いではないが、ここではそれとは異なる考え方を提案したい。それは歩行反応が気感に関係しているので、体に影響すると同時に、心、特に気分に影響を与えることである。歩くことによって、気分転換を図るということは、よくあることであろう。

歩行（ウォーキング）について、少し触れておきたい。ウォーキングには三種類あるといえる。まずいま述べたように運動としてのものである。その極端なものはスポーツの競技にある競歩である。これはまさに運動としての歩行であるといえる。その反対は散歩であろう。運動という要素はなく、道端の草花を愛でながら、そぞろ歩きをするものである。

古来、歌人はこれを好んだ。これは心を主体とした歩行といえる。そして競歩と散歩の間にさまざまな歩き方がある。すなわち競歩ほど激しくない歩行での運動、散歩ほど景色を楽しむこともないが、気分転換を図る歩行などである。

ここで指摘したいもう一つの歩き方は、「瞑想歩」である。姿勢を正し、呼吸のリズムを正し、一定のテンポを保持して、歩くことに注意を集中して歩くものである。このような歩行はまさにレスペラント反応を中心にした、心身一如の心身調整法である。最近心理療法の分野で瞑想が取り上げられるようになったが、瞑想には静座瞑想（坐禅）と歩行瞑想がある。歩行瞑想は静座瞑想よりもより心身のすべてにわたる総合的な心身の健康法である。

⑦対人空間と親密性―疎遠。対人接触と安心―不安

接触は危険もともなうことであるため、距離が近かったり、触れられたりすると恐怖すら感ずる。このときは筋緊張も加わるであろう。基本的には接触は不安・恐怖であるが、逆に絆を深めるものでもある。接触の気感一つで、好意を持っているか、悪意があるかはわかる。

人間存在の基本構造は共存在であると考えられる。したがって共存在の剝奪は不安であり、共存在であることは安心である。このことの根源的な気感を生むのは接触であるといえる。ストレスで肩が凝ったといって、マッサージに行く人は、筋肉の緊張を解くためであると思っている人が多いが、実態は接触による安心や安寧の気感を得るためであるといったほうが正しいかもしれない。大げさにいうとマッサージは共存在という人間存在の根源を回復するためのものであるといえよう。

最後に注意しておきたいことは、レスペラント反応と気感は、一対一対応のように説明してきたが、実際はどのレスペラント反応を実践してみても、その気感の体験は渾然たるものである。たとえば呼吸反応は興奮—沈静が主たる体験であるが、同時に緊張—弛緩の体験もあることは、実践してみると明らかである。したがってここに述べた各レスペラント反応と気感の対応は、便宜的なものであると考えてほしい。

また、ここではレスペラント反応による気感を取り上げてきたが、環境刺激（例えば天候）や内臓の状態によって生ずる気感もあることも留意しておきたい。

第9章　からだ言葉

からだ言葉とは

いままで述べてきた体、心、動きを、私たちは日常において融合して体験しているということを別の観点から見ることにしよう。それは日常使われている言葉の中に見出すことができる。日常使われている言葉の中に「からだ言葉」というものがあるが、これは体、心、そして動きを含んだ全体で日常生活の中での体験を見事に表していると考えられる。

からだ言葉とは、体の部位を含んだ言葉のことである。たとえば最近あまり使われていないが、かつては銀行の社長のことを「頭取」と表現していた。体の部位である頭を使った言葉である。頭は体の一番上にあるので、組織のトップである社長を表すことになったのであろう。年のはじめのことを「年頭」という。これも頭の位置から来たものであろう。同じように最初に払うお金を「頭金」という。

これらの言葉は頭が持つ性質を用いたものであるが、このほかに頭の動き、あるいは状態を用いた言葉がある。「あの人には頭が上がらない」といって、他人に対する自分の態度を表現することがある。世話になった人とか対等の態度をとれない人に対して使う。これは上位の人に対して頭を下げる行為（へりくだる動き）からきていると考えられる。これは頭の動きを利用した言葉である。物事に「没頭」するという言葉も同じである。夢中になって書き物をしている人、あるいは物を作っている人の姿勢からきた言葉であろう。そうした状態の人の頭はまさに前かがみになっている。

からだ言葉は日本語では六〇〇〇語ぐらいあるといわれているが（秦恒平『からだ言葉の本』、筑摩書房、一九八四年）、たとえば足を例にとると、「足早に過ぎる」といったように、急いで通ることをそのまま意味する場合もあるし、年月の過ぎる様を表すこともある。「足を洗う」というように、実際に足を洗う行為の他に、やくざがその世界から離れることを表すようなときに使うこともある。このようにからだ言葉は体に関わる語を用いながら、それをさまざまな用法で使っている。

からだ言葉の意味

私たちは日常何気なくからだ言葉を使っているのであるが、その意味については、ほとんど意識していないのが、現状である。しかし少し意識してみると、からだ言葉を使うことによって、そうでない場合と比較して、その言葉の持つ意味の違いを実感することができる。

先にあげた「足早に過ぎる」であるが、年月の過ぎ去る速さを意味するとき、これを「年月が速やかに過ぎる」とした場合と「年月が足早に過ぎる」とした場合の違いを感ずることができるであろうか。いずれも年月が過ぎる様を表しているのであるが、早く過ぎてゆくことの実感は後者に強く感ずることができないであろうか。早足で歩くときの感覚とあせる気持ち、つまり早足で歩くときの気感（気分／感覚）が、時の過ぎる様を如実に、実感を込めて表現していると思われる。

あるいは「大手を振って歩く」というからだ言葉がある。「威張って歩く」「委細かまわず、堂々と歩く」という意味である。これも比較してみると、前者のほうにそのときの気分がよく表れていると思われる。これも大手を振って歩いてみるならば、まさに実感できることであろう。

このようにからだ言葉は、体、動き、心を一つに込めた日常の経験から成り立っている言葉である。しかし最近はこのようなからだ言葉は使われなくなってきているように感じられる。これは一つには「からだ」よりも「言葉」が日常生活において、重視され、使われることが多くなっているためであろう。

コミュニケーションの例をあげるならば、対面的なコミュニケーションの代わりに、おしゃべりもチャットのようなコンピュータを通じてのものが増えてきている。隣の部屋の人間との会話もＰＣを通してなされ、文章の終わりに（笑）などと書く。

なぜ隣室に体を運び、対面し、会話をし、笑わないのかといぶかりたくなる。さすがに言葉で（笑）とするのでは、実感が湧かないためであろうか、（＞＿＜）などの顔文字がはやるようになってきた。

このような現代の状況にあって、私たちは体に対して意識を向けることが少なくなり、言葉は知的な理解のための道具となっている。しかし、元来言葉は知的な伝達だけではなく、感情の伝達の手段でもある。最近人間関係が希薄になっているといわれるが、これは感情の関わりが希薄になっていることと関係がありそうである。これは言葉によるコミュニケーションが知的な伝達に偏り、感情の交流に欠けていることに一因があるかもしれない。このような言葉の現状において、からだ言葉の持つ役割を見直してみることも必要であろう。

このようなからだ言葉について考えてみることは、いままで述べてきた体、心、動きを一つにした、全体としての人間像を理解する試みを別の観点から考えるものでもある。

頭に関するからだ言葉

では、以下には、からだ言葉の中で、心の動きを表している言葉を取り上げ、考察してみることにする。

まず頭から見てみよう。

「頭が高い」というのは、目上の人に対する横柄な態度を表現した言葉である。身分社会においては、目上の人に対しては、服従や謙譲の態度を示すものだった。その態度は身を低くしたり、頭を下げるといった動作で示されるものである。それに対して頭を下げずに、高くしていることは謙譲の気持ちに欠ける横柄な態度であるということになる。現代社会においては、目上の人に対して、謙譲の気持ちや服従の気持ちを持つことが少なくなっているので、この言葉も時代劇の中でしか使われなくなっている。

顔に関するからだ言葉

「愁眉を開く」というからだ言葉は、危機を脱して、ほっとすることを意味している。愁眉とは憂いでひそめた眉である。顔面で動きやすい筋肉は、額や眉あるいは目の周り（目自体も動く）と口角の周囲の筋肉の動き（ほほの動きになる）である。これらの筋肉の緊張と弛緩は顔面におけるレスペラント反応（反射／意志的反応）と気感の関係にとって重要な働きをしている。

憂いの眉とは、眉間に緊張が入り、眉毛の間（あるいは額）に縦皺がよる。やってみるとすぐわかることであるが、不快あるいはうつの気感が生ずるであろう。逆に不快やうつの気感のときには、眉間に緊張が入る。まさに憂いの気感と額の縦皺は相即している。だから愁眉を開くとは、危機を脱したときにほっとして、眉間に入っていた緊張が解けて弛緩し、縦皺がなくなることである。

「柳眉を逆立てる」というからだ言葉がある。柳眉とは美人の眉のことであるが、それを逆立てるとは怒ることを意味している。もちろん〝柳眉〟である必要はないので、「眉を逆立てる」でも同じ意味である。怒りの情動は顔全体の筋反応が関与するが、特に額や眉毛の部分の緊張が目立つ（実際にはそれほど眉毛が上がるわけでもない）。したがって漫画やお面を描く場合でも、眉毛を逆立てて描くと怒りが表現されるのである。

「ほほが緩む」とは、ほほの筋肉が弛緩する反応である。うれしい気感を表している。たとえば食べたいものを目の前にしたときの反応である。美味しいものを目の前にして、「うれしい」と表現するよりも、「ほほが緩む」としたほうが、うれしさの実感が異なるであろう。

いままで述べてきたのは顔面のレスペラント反応についてであった。次にオペラント反応（意志的反応）の例を示そう。

「顔向けができない」という言葉がある。何か悪いことをしてしまったときに、世間に顔向けができないといって、自責の念を表す言葉である。悪いことをしてしまった相手に対しては、まともに顔を見て話ができないことは、日常経験することである。レスペラント反応や気感に限らず、オペラント反応についても心の状況を表すからだ言葉がたくさんある。

心の状態と顔面反応の関係については、レスポンデント反応（反射）に関してもからだ言葉がある。発汗現象はレスポンデント反応である。「汗顔の至り」という言葉は、何か恥ずかしいことをやってしまって、恐縮する心の状態を表している。試合などで、緊張したとき「手に汗握る」というが、この場合は実際に発汗現象が見られることから、顔に関しても同じことが類推されたのかもしれない。実際に汗をかく人もいるようである。

目に関するからだ言葉

「目は口ほどにものをいい」という言葉があるように、目は顔の中でよく動くので、心の状態がよく表現されるといえる。

「引け目」は引け目を感じると表現される。自分より出来る人、地位の高い人を前にして、劣等感を感じる気分をさしている。対等に議論できるときには、目線は相手を見据えるしぐさになる。対等に対応できないときには、目線を相手に向けることができなくて、そらす（目を横に引く、あるいは下に向ける）ことになりがちである。目線を向けることは、攻撃的な行動でもある。したがって、負けたときには、まともに向けることができないのである。目線を引くとまともに対抗できない気分になる。

「目覚しい」とは、目覚しい働きといったように、使われる。目が覚めたときの覚醒感を思い出すと分かる。素晴らしい働きと表現してもよいのであるが、目覚しいと表現したほうが、その働きに対する、驚きと賞賛の思いが覚醒感を伴って感ずることができる。

「目も当てられない」とは、目も当てられない惨状というように使われる。不快なものや怖いものを前にしたとき、それを拒否する反射的な反応はそれを見ないことである。目を背けるのである。まともに見ることができない惨状は、東北の災害で経験したことである。

「落ち目」とは、何か状況が悪くなったときに使う表現である。これは目の状態が起こす気感から来たものであると思われる。実際に目線を下に落としてみると元気のない、うつっぽい気感を感ずるからである。目の動きはほぼオペラント反応といえるが、反射的な反応の成分もあるので、レスペラント反応でもある。したがって、目線は気感に微妙に関係するのであろう。

首に関するからだ言葉

「首が回らない」とは、借金で首が回らないといったように使う言葉である。首は手首、足首のように回転する場所をさすようである。このような部分は回転しないと体の動きが不自由になる。動物の動きを止めるときには、首を押さえるとよい。人間の場合でも相手の動きを止めるときに「首根っこを押さえる」という言葉を使う。首の回転ができないと動きが不自由になることは、鞭打ち症になって、首にギプスをはめられてみるとすぐ理解できる。借金で首が回らないとは、ストレスによって肩が凝って実際に首が回らなくなったためかもしれないが、借金でどうしたらよいか動きがとれないということである。

肩に関するからだ言葉

肩という字は大変興味深い。月という字は腹とか胸などの漢字を見てもわかるように、体を表す。したがって肩は体の上にある戸である。体の戸口であるといえる。外部との出入り口といってもよい。先述したように、成人の場合、勝手に他人の体に触れることは特に異性の場合できないが、肩は比較的簡単に触れることができる。これは肩が体の出入り口のためである。換言するならば、肩は体の中で社会的な部分であるともいえる。

「肩入れする」とは、支援することであるが、倒れそうになった他人を担ぎ上げることから来たものであろう。

「肩を怒らす」という言葉は、「肩をそびやかす」「肩肘張る」と同じように、威張ることである。前にも触れたが、ボスのチンパンジーがメンバーを威嚇し、権威を示すときには、立ち上がって、肩の毛を逆立てるという動作をする。肩は権威を示すときに利用されることは、軍人が階級を示すときには、肩章といって肩を飾ることからもわかるであろう。

「肩書き」とは身分を示すために、所属や役職名を名刺の名前の上に書くことである。このことは右に示した肩のありようから来たものと思われる。肩はその人の社会性を表すものであるからである。

「肩身が狭い」という言葉は、社会に対して、たとえば不義理なことをしたときの気感を表している。社会に対して威張る気持ちのときには、肩肘を張って歩くことができるが、逆のときには、身を細めて歩くことになる。対社会的な気持ち（気感）は、肩の張り方と相即している。

「肩の荷が下りる」とは、責任をまっとうしたときの表現である。責任があるときは「双肩にかかっていた」のであるが、まっとうしたときには、まさに重い荷物を降ろしたときの気持ちと同じである。このような言葉には、実感がこもっているといえる。

胸と息に関するからだ言葉

胸の反応は呼吸反応である。したがって胸に関するからだ言葉は呼吸（息）に関するからだ言葉と共通するところがある。悲しいとき「胸が詰まる思い」というが、これは「息詰まる思い」と共通している。ストレス状態のとき、息詰まる思いをするが、これはまさに息をつめた状態になっているからである。「息詰まる接戦」のときも、観客は息をつめている状態になっている。

「息苦しい雰囲気」という言葉も、会議などで緊張を強いられたときに使われる言葉である。これも緊張で息がスムーズにできないことから来たものであろう。

「息を凝らす」という言葉も興味深い。息を凝らして見つめるといったように、あることに集中している状態である。凝らすは固めることであるが、これも息をつめている状態である。息をつめる気感は感じやすいので、よく使われるからだ言葉である。

「息抜きをする」というのは、緊張を解放して、リラックスするということであるが、これも息を抜く、すなわち呼気をすることに他ならない。呼吸のところで述べたように、呼気をすると副交感神経が優位になり、リラックスを生む。息詰まる思いをして、息をつめていたのを、息を吐くことでリラックスできる。

「息が合う」というのは、たとえば合奏のときに全員の息が合うという風に使われる。集団の人たちのまとまりができたことを表す。この状態のときに、本当に息の仕方が同じになっているかどうか興味深いが、合奏でそれを証明した心理学者の研究もある。息はリズムに関係しているので、合奏のリズムを作るのには、呼吸のリズムが関係しているであろうことは、想像に難くない。

人と人との間で、意思の疎通がうまくできるためには、息の合った人たちがよい。阿吽《あうん》（梵語）の呼吸というが、阿は口を開いて発する音声、吽は口を閉じて発する音声のことであるが、要するに息を吐いたり、口を閉じたりするリズムが一致するということであろう。これも息のあり方が人間関係にも影響することを示したものである。

「息がかかる」というのは、息のかかった弟子というような表現に見られる。親しく育て上げた弟子ということであろう。息がかかるような近しい関係（近い対人空間）にあることを表現している。

腹に関するからだ言葉

内臓としての腹（胃、腸）には興味深いからだ言葉がたくさんある。たとえば「腹が立つ」である。怒ったというよりは腹が立ったといったほうが、怒りの気持ちを如実に表しているのではないだろうか。腹が立つとは、腹が縦になるということではない。「立つ」というのは、「湯が沸き立つ」の立つであり、もこもこと動くことである。怒ると胃腸の動きに影響することは、最近の心身医学で明らかにされてきている。

たとえば、心身医学者の池見酉次郎が、ヒステリー傾向の高い人が、悔しがったときに実際に腸捻転を起こしたレントゲン写真を撮影している。

このように「腹が立つ」は、怒りのときの腹のレスポンデント反応（反射）の状態を表しているといえる。この感覚は感じにくいが、怒りの情動に何らかの影響を与えているかもしれない。

「腹を据える」は腹自体のことではなく、横隔膜呼吸（腹式呼吸）の結果起こる腹の動きに関したことである。呼吸は主として肋間筋による胸呼吸と横隔膜による腹呼吸に分けられる。

呼吸のあり方としては、前にも述べたように、腹式呼吸をよしとする考えが古くから伝わっている。腹式呼吸のほうが胸式呼吸に比べて、呼吸の量が多くなるという医学的な結果もさることながら、腹式呼吸によってもたらされる心理的効果が好ましいことによるといえる。横隔膜の動きによってもたらされる、下腹部の気感が重要である。特に腹式呼吸における呼気によって、鳩尾の脱力感と下腹部の充実感が、落ち着きとリラックスの気感を生ずる。この気感が「据える」という言葉で表現されていると考えられる。

「腹を据えかねる」というのは、その逆で「据えた」気感が維持できない状態になることである。腹が立ってしまうことである。「腹は立てずに寝かせておけ」という言葉があるが、腹は立たないように、据えておかねばならない。

手に関するからだ言葉

手に関するものはからだ言葉の中で最も多いが、たとえば「助手」のような言葉は、確かにその役職は助け手に違いない。このような言葉は手にたくさんあるが、ここでは動きと心に関係する言葉を取り上げてみる。

たとえば、「手に汗握る」という言葉は「手に汗握る接戦」というように、緊張した場面を表現するときに使われるからだ言葉である。これは緊張からくる自律神経の反射（レスポンデント反応）である。

ところで手に汗をかく経験は誰でもしていると思うが、手にかく汗には二種類あることに気がついているであろうか。その一つは夏に温度が高くなったときにかく汗で、そのときは手の甲である。掌にはかかない。これを温熱性発汗という。一方精神的に緊張したときにかく汗は、掌である。これを精神性発汗という。

個人差はあるが、精神的に緊張すると掌の汗腺が活発になる。嘘発見器というものがあるが、これは嘘をつくと精神的な緊張をおこしやすいので、掌の汗腺活動を測定することで、嘘をついたかどうか判断しようとするものである。

よくあることだが、初対面の人と会合した後、別れ際に握手をしたとき、相手の手が汗でぬれていて、よほど緊張していたのだと知ることがある。そう考えると、握手は厳しい挨拶の仕方だといえるだろう。

動きと気感に関係するからだ言葉として、「手がかかる」という言葉がある。世話が焼けるということであるが、幼児の世話のわずらわしさのことを思えば、そのまま理解できるだろう。

「手が届かない」というのは、高い理想を掲げて努力はしてみたが、あまりにも高くて、そこまでは達成できないというように、高いところにあるものを背伸びして、手を伸ばしてみたが手に入れることができないときの状態をそのまま表したものであり、実感のある表現として使うことのできる言葉である。

「手探り」というのは、暗闇で物を探すときの手の動きである。「手探りの状態です」というのは、見当がつかない状況の中で、試行錯誤しているときに使う表現である。これはまさに暗闇の中で手探りしているときの気感を彷彿とさせるものである。

「お手上げ」は課題がまったく解けない状態のときによく使われる表現である。これはあれこれ手を尽くして（動かして）みたが、解決できなくてそれ以上手立てがなくなってしまって、両手をあげて降参するしかないということである。「お手上げの状態」ということである。両手をあげてみると感ずることのできる気感である。

「手の内を見せる」。このからだ言葉はすべてを明らかにし、隠すものがないことを表している。相撲の土俵入りの際の儀礼に手を広げて見せるが、これはまさに何も持っていないことを示すことであるという。

「手の内を見せる」という言葉は、それ以上の深い意味を持っていることに注意してほしい。実際やってみてほしい。掌を伏せた後それを返して、掌を上にする（手の内を見せる）動きをしてみて、そのときの気分の変化を感じてみるとよい。あけっぴろげな、開放的な気分を感じないであろうか。掌を上にして、両手を広げてみるとさらにこの気分がよくわかる。これが「手の内を見せる」という言葉の意味である。

大げさにいうと、すべてを隠すことなく自己開示することである。ちなみに阿弥陀仏や観音菩薩の仏像はどれも掌を見せている。民衆の悩みを聞き入れるために、手を差し伸べている姿であり、またそのために、自ら自己開示している姿であるといえないであろうか。

背に関するからだ言葉

背中は感じにくい部分である。この部分の筋肉の感覚はたとえば二点弁別閾（二点を同時に刺激して二点であると識別できる最小の距離）の測定において、最も二点閾値が大きく、鈍感であることがわかっている。指先や唇などはミリの単位であるが、背中はセンチの単位である。しかし直立している人間の場合、背中は人間存在のあり方の根底をなしている。

「背筋を正す」「姿勢を正す」というからだ言葉は、文字通りには、背中を真っ直ぐにすることである。しかしこの言葉はそれだけでなく、だらしのない人間に向かっていうときには、生活態度を正しくしなさいという意味で使われる。

すでに見たように、姿勢のあり方は、気感と密接に関係している。やる気がなく、うつのときには背筋が曲がり、物事にしっかりと対処しようという気持ちのときには、背筋が伸びる。このことは、姿勢が生きることへの気構えを作っていることを示している。

ほとんど意識されないまま、状況に応じてそれぞれの姿勢が作られているが、姿勢を重力の方向に合わせて、真っ直ぐにすることは、人間としての正しい生き方を決める基本である。

「背く」というからだ言葉は、背を向けることであるが、物事に反対する、規則にそぐわない行動をするということである。これはまさしく相手に対して背中を向けて従わないという意志を示すことである。このことが規則に対して背中を向ける（規則に背く）ことに通ずるのである。

腰に関するからだ言葉

腰にはたくさんのからだ言葉がある。腰という漢字は体（月）の要と書かれている。体全体の要所ということである。能、日本舞踊、相撲、柔道、剣道などの日本の伝統文化の動きにおいては、すべて腰の重要性が強調されてきた。したがってからだ言葉が多いのであろう。

「腰を据える」は、腰に関する基本的なからだ言葉といえる。腰を据えてこの仕事に取り組むといったように、一つのことにじっくりと取り組むといった意味に使われることが多い。据えるというのは、動かないことなので、体の要である腰を動かさない、押されても動かないということを意味する。このことは物事に動じない、あるいは右顧左眄《うこさべん》しないで、一途に取り組むということであろう。相撲をやってみて、腰を低くして（腰を据えて）押されても動かないという力の実感を感じ取ることで、この意味がよくわかるのではないだろうか。

「腰が引ける」「逃げ腰」は、「腰を据える」の反対の状態を表現しているからだ言葉であろう。物事に取り組む場合に、自信がなくて責任が持てない、責任から逃れたいといった気持ちを表している。これは「腰を入れる」姿勢ではなく、「および腰」になっている姿勢である。重いものを持ち上げるときには、腰を低くして、腰を入れる姿勢にしないと持ち上がらないという経験は誰でもしているであろう。腰を高くしたおよび腰では力が入らないのである。

「腰が低い」は「あの人は腰の低い人だ」といったように、人柄を表す表現として使われる。対人関係において、丁寧な態度、へりくだった態度、横柄でない態度、謙虚な態度である。反対に横柄な人は「腰高な人」といわれる。

日本の文化においては、相手に対してへりくだるときにはお辞儀をしたりして、身を低くすることが多いので、このような表現が生まれたのであろう。

腰が低いのは先に述べたように、腰のありようとしては好ましいことである。相撲においては、腰を低くすることが勝負に勝つための基本的な姿勢とされている。相手より腰を低くして、押して行けば、容易に押し出すことができるのである。低いほうが押したり、持ち上げたりするときに、力が出るのである。したがって腰の低い人は、じつは秘めた力を持っていて、油断のならない人でもあるといえる。

「粘り腰」は諦めないで、頑張り通すことを表すからだ言葉である。これも相撲のことを考えるとよくわかる。押し込まれても土俵際で、頑張る力士を粘り腰の持ち主という。打っちゃりでもやれば、「二枚腰」の持ち主といわれるのである。

「腰が重い」というのは、何かに取り組むとき、なかなか始めないで、時間がかかる人を意味する。気が進まない仕事にようやく取り組むのを「重い腰を上げる」という。「腰が軽い」は反対になにごとにも、あれこれとすぐ手をつけてしまう人をいう。性格としてどちらがよいということではないが、人柄を腰の軽重で表すというのは面白い。やはり腰は動きの要であるためであろう。

足に関するからだ言葉

足は体の一番下にあるので、手と比べて地味であり、動きも単調であるためか、手よりはからだ言葉が少ない。しかし足の動きにも心の状態と関係の深いからだ言葉がある。

「地に足を着ける」というのは、「浮き足立つ」の反対で、落ち着いて現実に対応しなさいということを表す言葉である。これはつま先だって立った場合と踵をしっかりと地に着けたときの感じを比較してみればすぐわかることである。腰を落とし、足を地に着けることは、落ち着きの気持ちの基本であるといってよい。

「足掻く」は、もがく、いらだつ、あくせくするといった意味に使われる。この言葉の意味のような状況のときには、足を掻く動作がしばしば起こることから来たものではなかろうか。坂道で重いものを引っ張ろうとしているときの馬の前足の様子が連想される。

「足を引っ張る」は何かをしようとするときに、誰かが邪魔をして、ことが進まないといったときに使われる表現である。これはまさに足を引っ張って、動けないようにすることから来たものであろう。動けなくすることは「足枷をはめる」ともいう。足は移動の主役であるから、このような直接的な表現があるのであろう。

「足を洗う」は前に述べたように、やくざから足を洗う、ということでよく使われる言葉である。悪いことをやめて真面目になることである。あるいは今までの状態から新しい状態にきっぱり転換することである。それがなぜ足を洗うことになるのであろうか。

これは、泥まみれの足を水で洗ったときのさっぱりした気感（気分／感覚）を思い出してみるとよい。気分がリフレッシュされないだろうか。一般に水を浴びて体を洗うと気分一新することは誰でも経験があるだろう。この気分一新の感じが足を洗う、である。極端にいうと今までの自分と違う新しい自分になることである。これがやくざから足を洗う、であり、キリスト教で信者になるときの洗礼という儀礼の意味にも通ずるかもしれない。

肌に関するからだ言葉

肌は皮膚のことである。体全体に分布している。生物学的には皮膚は神経系と同じである。皮膚感覚は視覚ほど精緻なものではなく、五感の中では最も下等な感覚といわれているが、物の材質感のように、皮膚感覚（触覚）でなければわからないものもある。皮膚には温度感覚、痛覚、などの感覚もある。

「逆撫でする」はわざと相手がいらだつようなことを言ったりしたりして、相手に不快な感じを与えることである。この気感は実際に毛並みに逆らって（前腕ならば、手の甲のほうから上に向かって撫で上げる）撫でてみるとわかる。毛並みに沿って（腕から手の甲に向かって）撫でてみた場合と比較するとわかりやすい。頭の髪の毛を撫でてみても同じである。

「肌をゆるす」は男女の間の性的関係、特に女性が男性に対して、性的関係を持つことを表す言葉として使われる。前にも述べたように、対人接触は特に大人の異性間では容易にはできないことである。逆に接触ができることは、親密さの極みであるといえる。大人の男女間の親密さを表現するのに、いかなる形容詞で表現しても、この肌をゆるすという表現に勝るものはないであろう。

第10章　エンボディド・マインド

気感（気分／感覚）の重要性

動きの感覚と気分を統合して、「気感」という概念を提唱してきたが、動きがもたらす気感の重要性については、神経心理学者のアントニオ・R・ダマシオの論説に見ることができる（田中三彦訳『生存する脳―心と脳と身体の神秘―』講談社、二〇〇〇年）。

彼が扱った有名な症例として、事故によって大脳皮質の前頭葉に鉄の棒が貫通してしまった患者の研究がある。前頭葉は人間らしい行動の発現をつかさどる、重要な部位である。この患者の場合、心理テストなどの結果では、記憶能力、論理的能力、注意力など、いわゆる知的判断の能力に関しては、まったく異常がなかった。しかし感情はいたって平坦で、無感動であり、意志決定の場面では、困惑を示すのであった。したがって一見普通の人間なのであるが、日常生活ではしばしば障害があり、就業ができない状態であった。

このことは次のように説明されている。すなわち日常生活の中では、将来のことを考えて、いま方策を選択しなければならないという場面があるが、そのためには意志決定をしなければならない。この場合、しばしば選択肢は多数あるということが多く、その中から一つを選択することは、大変難しい。論理的に絞り込むことができればよいが、大抵は見当がつかず、いわゆる直感に頼るということが多い。直感によってある程度方向性を定め、それから決断（意志決定）するということになる。直感は知的判断ではなく（ちなみに直観は知的なニュアンスがある）、なんとなくこちらがよいといった感情や気分による判断である。このために感情に障害のある患者は日常生活に不都合をきたすのだという。

ダマシオは「ソマティック・マーカー仮説」というものを提唱している。これはいわゆる直感といわれている言葉に代わるものである。ソマティックとは、「身体の」という意味であり、マーカーとは身体感覚がもたらす気分やイメージであるという。直感の実体はこのように身体が関与するという解釈である。

私たちは日常生活の中で、いろいろな身体的経験をする。このような身体的経験は、日常行動に重要な役割を果たしているというのである。とかく身体がもたらす気感（気分／感覚）は精神活動の中で、価値が低いものと見られがちであるが、知的活動に勝るとも劣らない意味を持っていることが、ダマシオによって示されたといえよう。

エンボディド・マインドの意味

生物・認知科学者として知られるフランシスコ・ヴァレラたちは（Varela F, et al 1991）"The Embodied Mind"という著書を出版している。「エンボディド・マインド」とは、直訳すると「具現化された心」であり、訳書では『身体化された心』（田中靖夫訳、工作舎、二〇〇一年）となっている。エンボディドという言葉であるが、em-は「～ならしめる」であり、bodiedは「胴体のある」「実体のある」「こくのある」ということである。

エンボディドはいろいろと解釈できる言葉であるが、たとえば「実体のある心」「こくのある心」としたとき、「充実した心」「実感のともなった心」と理解してよいだろう。

バーチャルリアリティという言葉がある。コンピュータの画面は最近三次元の表現が可能になり、現実の光景と見まがうほどの迫力になってきた。このような実情は現実に触れることなく現実経験を可能にしたように見える。しかし現実の経験は視覚だけではないという一事によって、バーチャルリアリティ（仮想現実）とリアルリアリティ（真の現実）の違いは歴然であるといえる。

心の経験はいままでも、書物によって文字（概念）を通じてなされてきた。そして、しばしば体験との比較が持ち出され、知識に対して体験の重要性が指摘されてきた。しかし、バーチャルリアリティの出現は、文字を通じての知識より、さらに実感を伴うようになったといえる。しかしそれでもなお身体や五官を通じての経験と比較するならば、なおリアルリアリティとは異なるといえる。真の意味の経験とは、体を含めた全人的関与によってなし得ることである。それを体験といってきたが、これはエンボディド・マインドと同じことである。

私たちは物事を理解したことを、「わかった」というが、「身に沁みてわかった」という表現がある。この二つの言葉の違いを感ずることができるであろうか。「わかる」は一通り知的に論理的にわかったということである。一方「身に沁みてわかる」は本当にわかるということであり、全人的にわかることである。

あるいは「わかる」は「わかっちゃいるけどやめられない」という言葉があるように、理解と行動が一致しないことがあるが、「身に沁みてわかる」ときは、以後の行動にも変化が見られるだろう。このように理解するという知的な心の働きにも、「身」が加わることによって、理解の深さが異なってくる。このような全人的な理解は単なる知的作用ではなく、身体あるいは感情が加わってのものであるといえる。そしてこのような心の働きは、レスペラント反応によって引き起こされる気感を体験することによってなされるのだというのが、本書の主張であった。

たとえば、試験に合格したという知らせを受けて、「喜んで、飛び上がった」という表現と「飛び上がって、喜んだ」という表現を比較して、両者の喜びの違いを感じることができるだろうか。そして、どちらに真実の喜びを感じるだろうか。後者の喜びこそエンボディド・マインドであり、身体心理学が追究していることである。したがって、身体心理学は英訳すれば"Embodied Psychology"である。

心身のウェルビーイング(well-being)

「ウェルビーイング」とは、通常「心身の健康、安寧」と訳される。健康というと、病気のないことと理解されやすいが、本来の意味は、心身ともに「よい状態にある」「健やかに存在している」ということであろう。こうした存在でありうるためには、本書で述べてきたことからどのように考えられるであろうか。

レスペラントの動きと、それによって引き起こされる気感(気分/感覚)は、図7―2(一五六頁)に示した人間の全体像においては、「気」のことをいっているのであるが、これは人間の心身の根源のことである。身体、精神、行動を含んだ人間という扇の要である。この要が解けたら扇は崩壊する。この部分をしっかりと固めることが、心身のあり方を確かなものにし、ウェルビーイングに寄与するものだといえる。

現代はストレスの時代だといわれている。ストレスはいつの時代にもあることとはいえ、社会が複雑になりストレス源が以前に比べると格段に増えてきたこと、また、ストレスが心身を蝕む理屈がわかってきたこともあり、それへの対処が話題になっている。その際、やはり話題になりやすいのは、脳の話であり、心の話である。

たとえば、ストレスの結果、うつになることが多い。これに対処するため、精神科医は抗うつ剤を処方する。心理療法家は患者の考え方の改善を図る。これらはそれぞれの理論から引き出された対処法なので、間違ってはいない。しかし万全ではない。

ここで強調したいことは、ストレスをかかえたときに、疾患に陥らないことが重要だということである。いつの時代でもストレスは生きて行く上で、避けることができないことなので、ストレスに耐える力、すなわちストレス耐性（フラストレーション耐性）を高める工夫が必要だということである。

このためには、日常において、心身の根源である「気」の部分を充実させておかなければならない。それはここでいうレスペラント反応（反射／意志的反応）による気感の充実である。これは充実した体力と実感にあふれた精神（エンボディド・マインド）を養成することになる。言い換えれば、体には精気がみなぎることであり、心は気力に満ちることであ る。要するに心身の活気を高めることであって、これが心身のウェルビーイングであるといえる。本書で述べてきたことは、この状態を目指したものであるといってよい。

このためには、レスペラント反応群によってもたらされる、気感を体験し、なるほどと実感してもらわなければ始まらないだろう。そこで次の最終章ではその具体的な技法を述べよう。

精神と身体の関係を考える時、市川浩の著書『精神としての身体』（勁草書房、一九七五年）は、難解だが興味深い。この本で市川は、身体について哲学的に論じている。身体は医学的（解剖学的、生理学的）な理解が普通であるのに対して、身体を哲学的に理解するというところに、新鮮味があった。このような身体論は、あまり盛んではないが、市川のほかに湯浅泰雄の『身体論―東洋的心身論と現代―』（講談社学術文庫、一九九〇年）が知られており、英語にも訳されている。

ところで市川の「精神としての身体」は、身体の中に精神性を見出すこととも理解できる。

一方、精神と身体の関係に関して、市川の書名をもじって「身体としての精神」という問題を提示したらどうなるか。いま述べてきたことを当てはめれば、精神を身体的に論じ、理解するということになり、精神の中に身体性を見出すということになる。

これは考えてみると、本書で述べてきたことと符合する。本書では精神を身体的に論ずるのは不可能なので、身体的経験（体験）を通じて感ずるという話をしてきた。精神の中に身体性を見出すのは、身体の動きから精神の生成を見ることであった。

「身体としての精神」は正にエンボディド・マインドのことであり、身体心理学のことにほかならないのである。

第11章　生活を豊かにする心身統一ワーク

身体心理学の実践

これまで本書で述べてきた身体心理学における諸事実の本質を理解してもらうためには、第8章でも述べたように、言語を用いての説明だけではなく、レスペラント反応（反射/意志的反応）を実践してみること以外にはない。それが本章で紹介するレスペラント・ワークである。

レスペラント・ワークには、二つの意味を考えておきたい。一つはいままで述べてきた、身体心理学の考え方を身をもって理解（体験）するためである。二つ目は心身のウェルビーイングを実現するためである。このことについて、若干の説明をしておきたい。

認識というと知的な働きと考えるのが普通である。しかし、知る働きは言語のような概念を使うことに限らない。言語化できない経験、つまり直接経験（体験）というものがある。美しい景色を見て、なんともいえない感動に包まれるとき、「なんともいえない」といって、その感動は「言葉にならない」ということはしばしばあることである。こうした場合、その景色の美しさの認識は言語ではなく、経験すること以外にない。

レスペラント反応を実際にやってみて、本書で言ってきたことが納得できるものになる。からだ言葉についても、実際にやってみなければ、その言葉の本来の意味は理解できないと思う。

説明を読んだだけで価値判断してもらいたくないというのが筆者の思いである。したがって以下に述べる、レスペラント・ワークは本書の付録ではなく、身体心理学を理解するための方法論であり、認識論と考えていただきたい。

心身のウェルビーイング

レスペラント・ワークは世界や人生の出来事をより豊かに経験するための方法であるが、さらに心身のウェルビーイングの問題にも関わっている。

心や体の問題への対処は、それぞれの専門家が行っている。心は心理療法の専門家が行い、体は医者が行うが、医者は体の部分によってさらに専門が分化している。知識が増大し、精緻になるとこのような現状はやむを得ないし、そうならざるを得ないことは、充分理解できることである。

しかし一方で心と体は相互に関連していることは本書で述べてきたことであり、また心身医学や健康心理学で指摘されている。難しく考えなくとも、体なくして心は存在し得ないし、心なくして体の働きはないことは誰しもわかっているといえる。

心身のウェルビーイングのための方法はさまざまであり、特に体の健康のためには、栄養のバランスを考えたり、ビタミン剤などのサプリメントの服用を試みたりする。またスポーツが推奨され、スポーツクラブで、さまざまな運動が試みられている。このときには医学的な観点が強調されるし、やる人も医学的な体の改善を目標にしているのが普通である。

一方で心の健康のための方法も提唱されてはいるが、現実には体ほどにはなされていない。心の問題については、心理療法が適用されるが、これは心の治療であって、心の健康の維持・増進のためではない。このことは意外とないがしろにされているといえそうである。

心身統一的なウェルビーイングの増進

レスペラント反応とそれによる気感を活発化させるワークは、心身の健康増進（ウェルビーイング）に深く関わっている。そこでここでは身体心理学の発想から考えられる心身統一的な健康増進の方法を提案してみたい。

そのための基本的な考え方は、図7―2（一五六頁）や図8―1（一六九頁）に示したモデルによるものである。すなわち、ここでは人間を精神と身体と行動の三つの次元に基づいて考える。そしてこれらの次元は平行して存在するのではなく、底辺において一点に収斂していると考える。この考えが重要なのであって、そう認識することで統一的な心身の健康増進を考えることができることになる。

実は心身統一的な健康増進法は、西洋社会よりは東洋社会に多くの智慧が伝わっている。これは西洋では心身二元論的な考え方をするのに対して、東洋では心身一元論的な考え方をすることと関係があるだろう。

しかし西洋にもボディワークと称して、多数のものがある。フレデリック・アレキサンダーが開発した「アレキサンダーテクニック」、アレキサンダー・ローエンが提唱する「生命エネルギー法」、アイダ・ロルフの「ロルフィング」、ジョセフ・ヘラーの「ヘラーワーク」、ジョーン・ボリセンコの「からだに聞いて、こころを調える」、心理療法の分野で有名なヨハネス・シュルツの開発した「自律訓練」、感覚に力点を置くシャーロット・セルバーの「センサリー・アウェアネス」、これに影響を受けた伊藤博の「心身一如のニュー・カウンセリング」など枚挙にいとまがない。

しかしこれらの多くは、元を辿ると、東洋の修行法にヒントを得て、開発したものである。その代表はヨーガであったり、坐禅瞑想であったりする。東洋には多数の修行法や武術があり、それらはいずれも体の健康を目指すスポーツというより、心を調えるためのものであるものが多い。つまり心身統一的な方法である。多数ある方法のうち主なものを図

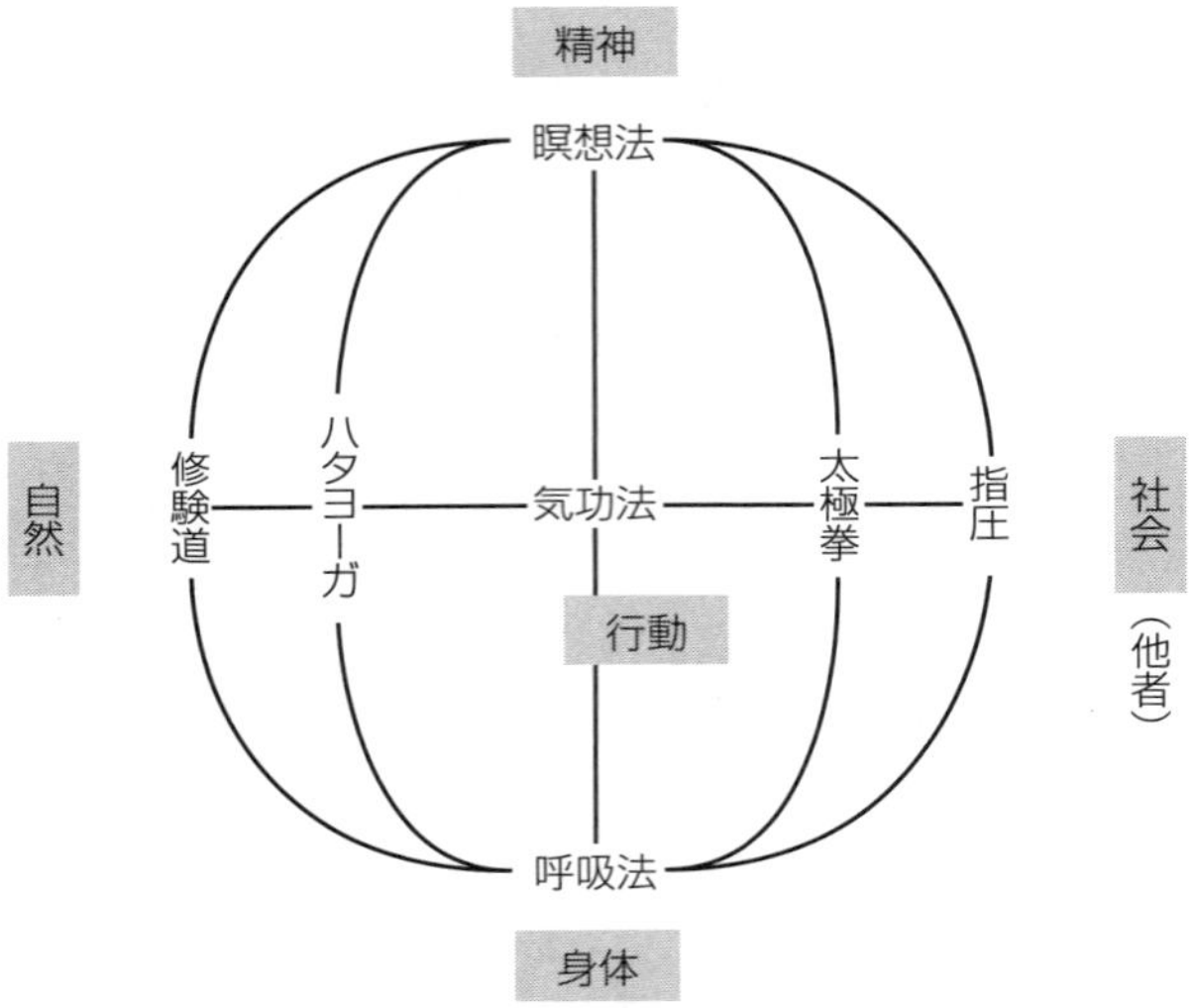

図11-1　東洋的行法の体系

11―1のようにまとめてみた。これらの方法を中心にして、さまざまなバリエーションがある。自分にあった方法を見出して、自分の生活習慣の一部にすることを勧めたい。

レスペラント反応を中心としたワーク

心身統一的な方法とは、レスペラント反応を用いたワーク、すなわち、呼吸、筋弛緩、表情、発声、姿勢、歩行、対人接触である。これらのワークの心身に対する効果についてはすでに述べた。

ここで特に強調しておきたいことは、以下に述べるワークはいずれも、特別な訓練を必要とするものではないということである。「誰でも、いつでも、どこでも、自分でやる、簡単なワーク」をモットーにして、筆者が作ったものである。

服装を変えたり、道具を使ったり、といったことは考えていない。男性ならズボンのベルトやネクタイを緩めるくらいである。またどこでもできるように、立位でできることに限っている。時間はなるべく短時間ですむことを心がけているが、すべてをやると三〇分程度は必要であろう。状況に応じてすべてをやる必要はなく、一部を省略すれば短くなる。一日に何回やるといった決まりもない。自分の状態や状況に応じて行えばよい。ただし必要なことは継続することである。一応（　）内の数字が順番となっている。

(1)筋弛緩法

すでに述べてきたように、心理学の領域では、ジェイコブソンの筋弛緩法というものが知られている。自律訓練もこれに入れることがある。ここではそれらとは異なる方法を提案したい。基本的な考え方は、緩めることが目的なので、型にはまらない動きが重要である。

①首回し

誰もが筋弛緩したいときに自然にやる動作である。ゆっくりと右ないし左から回す。このとき重要なのは機械的にぐるぐる回すのではなく、ゆっくりと回しながら、首のどの筋肉が緊張している（突っ張る）かを感じながらやる。動きや筋肉の感覚に注意を集中して、やることが重要である。以下のどの反応についても同じことがいえる。大概の人は左右で首筋の突っ張りが異なるものである。突っ張るほうに長く首を傾け、ストレッチする。首筋の後ろや人によっては顎のほうが凝っている場合がある。首筋は首を前にたれて、しばらくストレッチする。あるいは顎を上げてストレッチする。

次に体が天井からつり下げられているようにイメージし、首や背筋から力を抜いて、頭頂から尾てい骨、そして踵まで真っ直ぐにして立つ。すべてを重力に任せるつもりになる。**図**⑴—①

②肩回し

これも肩が凝ったときに、誰もが自然にやる反応である。腕をなるべく大きく前からと後ろから回す。肩甲骨の動きである。回数は適宜である。**図**⑴—②

③腰の動かしと背筋動かし

これには二種類の動きがある。一つは誰もがやる腰回しである。これも機械的に回すのではなく、ゆっくりと右から、そして左から、腰や背筋の感覚を感じながら回す。もう一つは腰の左右の動きである。腰を左、右と振るのである。同時に左、右と肩を下げるつもりの動きをする。腰の前後の動きもある。腰を後ろに突き出した後、尻をすぼめるように前に出す。これは呼吸法のときの逆腹式呼吸の動作でもある。腰の動きは腰の筋肉にとどまらず、首筋から背筋までの筋肉に関係するので、背筋を動かすことにもなる。回数は適宜である。**図**(1)—③（二一八頁）

④下半身の動かし

太もも以下の筋肉弛緩は、ヨーガのようなストレッチがよいが、ここでは立位でやることに限っている。簡単には両足を揃えて、しゃがむ動きを行う。次に膝頭を右から、ある

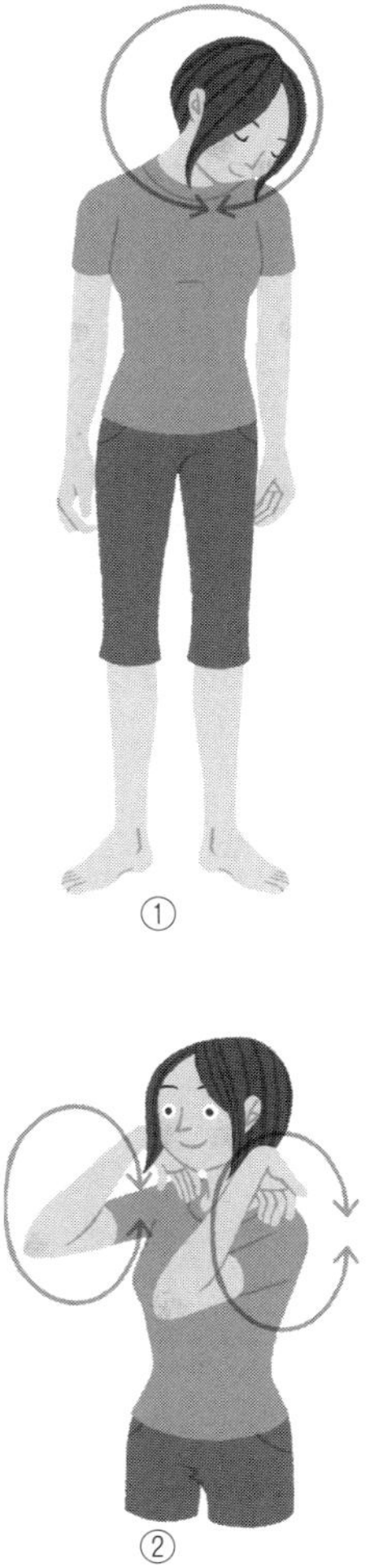

図(1)　筋弛緩法

いは左から回転する。その後両足を開いて、相撲の力士がしこを踏むときの姿勢で、股関節を広げる。これは弛緩より緊張になるかもしれないので、回数は多くやる必要はない。次にその姿勢で、片足を伸ばし、片足ずつストレッチを行う。いずれもゆっくり行う。ここでは立ったままで行うことを考えているので、ここでの下半身の弛緩は充分ではないところがある。深い弛緩はヨーガをやるとよい。**図(1)―④**（二三二頁）、参考図書：番場裕之『一日5分「簡単ヨーガ」健康法』講談社＋α新書、二〇〇四年

⑤体全体の動かし

両足を肩幅に広げて立ち、体全体を自由にゆするように動かす。形にとらわれずに、ふ

図(1)　筋弛緩法

らふらと動かす。手足はぶらぶらとするのもよい。この動きに関しては、高岡英夫の「ゆる体操」と称している動きが参考になる。

実はこのような動きはオペラント（意志的）な動きになっているので、さらにレスペラントな動きにしたいのであるが、そのためにはたとえば野口晴哉が提唱している、「活元運動」が参考になる。これは意識を用いず、自発的な動きに任せるという方法である。野口はこれは錐体外路系の無意識の動きであるとしている。これについては整体協会での指導を受けることを推薦する。あるいは付記の図書が参考になる。参考図書：高岡英夫、前掲九九頁、野口晴哉、前掲九九頁、出口衆太郎『身のこなしのメソッド――自然身法――』春秋社、二〇一〇年

⑥ぶら下がり

筋反応は緊張反応があるだけで、弛緩する反応というのはない。したがって、筋弛緩は、何もしないで緊張反応をゼロにすることである。つまり筋肉を動かさない、使わないことを意味する。そのためには野口三千三が提唱している野口体操の中で行われているものが参考になる。

すなわち両足を揃えて立ち、腰から上体を下にぶら下げる。頭を含め、すべてを地球の重力に任せる、あるいは重力に牽引してもらうと考える。両足は無理して突っ張る必要は

ない。ぶら下がったままで腹式呼吸を三〜四回ぐらいする。そしてある程度たったら膝を支点にして、ゆっくりと体を巻き広げるような感じで起こしてゆく。立ちくらみが起こる人がいるので、注意する必要がある。これを三〜四回行う。肩や背筋の弛緩を感ずるはずである。**図**(1)—⑥、参考図書：野口三千三、羽鳥操、前掲九八頁

⑦骸骨イメージ

さらに体の動きをしないで、筋弛緩をするとなると、体を使わないで行う方法となる。そのためにはイメージの力を借りることになる。リラックスのために使われるイメージとしては、野原や湖のほとりに寝そべっているというものがある。

ここでは筋肉に関したことなので、思い切って筋肉がないというイメージを考え、筋肉のない骸骨をイメージしてみることにする。そのために絵でもよいし、標本でもよいが骸骨をよく観察しておくとよい。眼を閉じ、直立して自分の骸骨をイメージする。まず頭の骸骨をイメージする。空洞の骸骨で脳がなく、神経は働かず、考えが浮かばないとイメージする。この際顎は緩める。次に頸椎の骨、肩や肩甲骨の骸骨というように、順次左右の腕、胸、腹、腰、大腿、足の骸骨のイメージというようにゆっくりとスキャンしてゆく。特に内臓がないというイメージが大切である。

このようにイメージしてみると欲望がなくなる感じがするはずである。筋緊張は欲望か

図(1)　筋弛緩法

らくることが多いので、このイメージは大切である。この試行は二〜三回繰り返す。

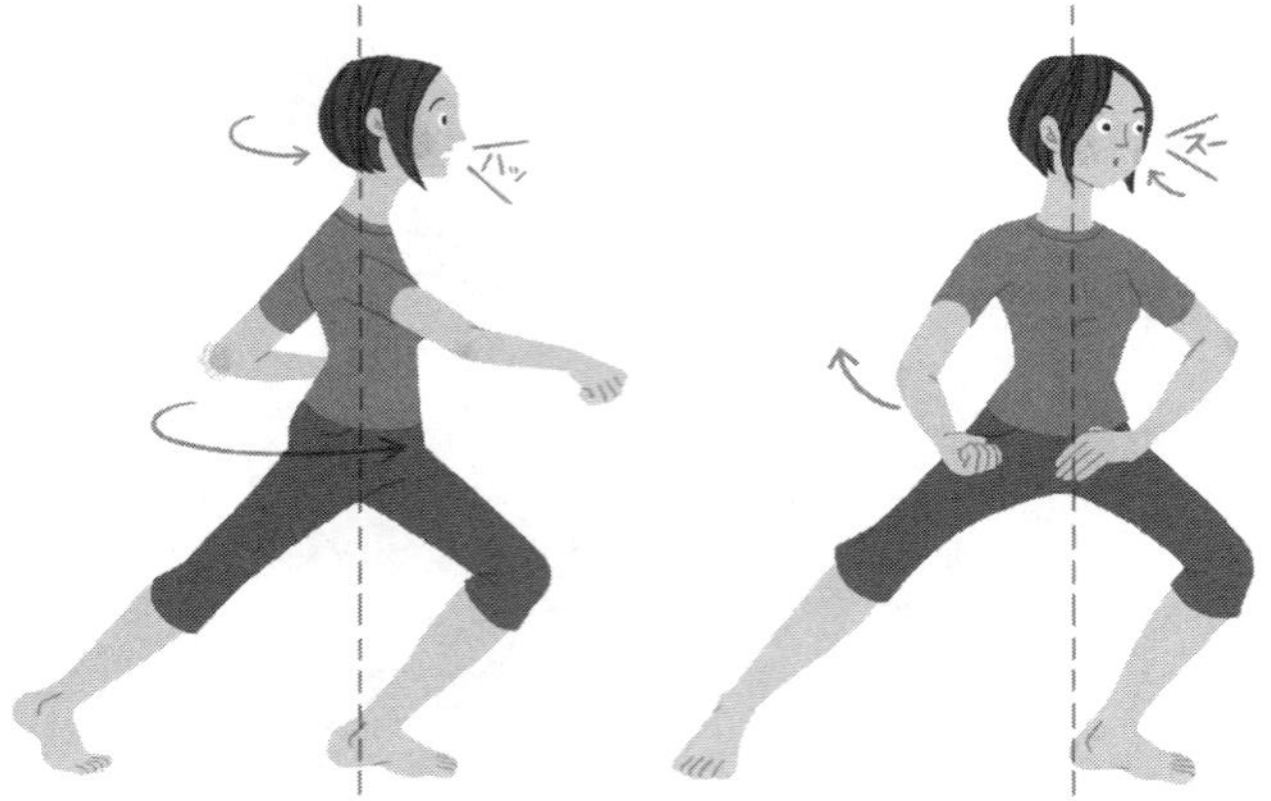

図(2)　発気覚醒

(2) 発気覚醒

筋弛緩法のワークは気感（気分／感覚）やイメージに注意を集中してやるので、意識が内面に集中している。しかし次のワークは覚醒してやらねばならないので、この時点で意識を覚醒する必要がある。そのために息を一気に吐く、いわゆる発気をやる。

これは突きの動作であるが、両足を前後に構え、前方の足に体重を乗せて、体を横に構え、一気に腰を回転し、呼気（発気）をして突く。空手の突きの動作を想像してほしい。ただしこの際重要なのは、手で突くことを意識するのではなく、腰を一気に回転させることである。腕には力を入れず、手はむしろ後からついてくる感じである。左右二〜三回ずつやってみる。これで覚醒するはずである。発気は呼吸法の短息である。長息はすでに述べたように、リラックスのためにやるが、短息は覚醒感、あるいは軽い興奮をもたらす。

図(2)

(3) 呼吸法

呼吸は心身の根源であることは言を俟たない。生命の維持にとって根源的なものである。そして呼吸はレスペラント反応の代表的なものである。したがって呼吸法を行うことによって、心身を統一的に調整することができる。

呼吸法において、古来いわれているのは、すでに述べたように、胸（胸郭）ではなく、腹（横隔膜）で呼吸をすること、吸気より呼気を重視すること、ゆっくりと長く吐ききること、ゆっくりとしたリズムで行うことである。さらに腹式呼吸は吸気のときに、腹を引っ込め、呼気のときに腹を出すという逆腹式呼吸がよいとされる。普通の順腹式呼吸は吸気のとき腹が出て、呼気のときに引っ込められる。一般には順腹式呼吸になるので、逆腹式呼吸は少し訓練が必要かもしれない。

腹式呼吸といっても、当然胸でも呼吸している。重要なのは腹に注意を向けて行うということである。立位姿勢（椅子に座ってもよい）で行う場合を説明しよう。

まず臍の上一〜二センチの線上に軽く親指を当てる。次に腰（尻）を後ろに引き、それに伴って吸気をする。この際意識的に息を吸うというよりは、腰を引くことによって自動的に空気が入ってくるというイメージである。吸気をしたら、次に引いた腰（尻）を今度は前に突き出す（尻をすぼめる）という動作をする。あるいは腹に当てた親指を腹に食い込ませるようにして（力ずくでやらない）、下腹を巻き上げるといった動作をするのである。このような腰の前後運動により逆腹式呼吸になる。

このとき下腹（丹田）に注意を集中することが重要である。また上虚下実といって、上体あるいは鳩尾を緩めることが肝要である。このために一度吸った息を「ふん」といって吐き、上体を緩め、改めて吸気するとよい。逆腹式呼吸を少し強調するためには、呼気のときに親指を当てた線で上体を前屈してゆき、ゆっくりと息を吐ききるようにして、そのままの状態を保って、急いで吸気をしないようにする。回数は特に決めていない。やりすぎないようにする。

このような呼吸法によって、感ずることのできる気感（気分／感覚）はすでに述べたように、興奮と沈静である。吸気によって興奮、呼気によって沈静が基本的なものである。この呼吸法によって鳩尾の緊張を緩め、息を吐ききったところで沈静感（リラックス感）を感

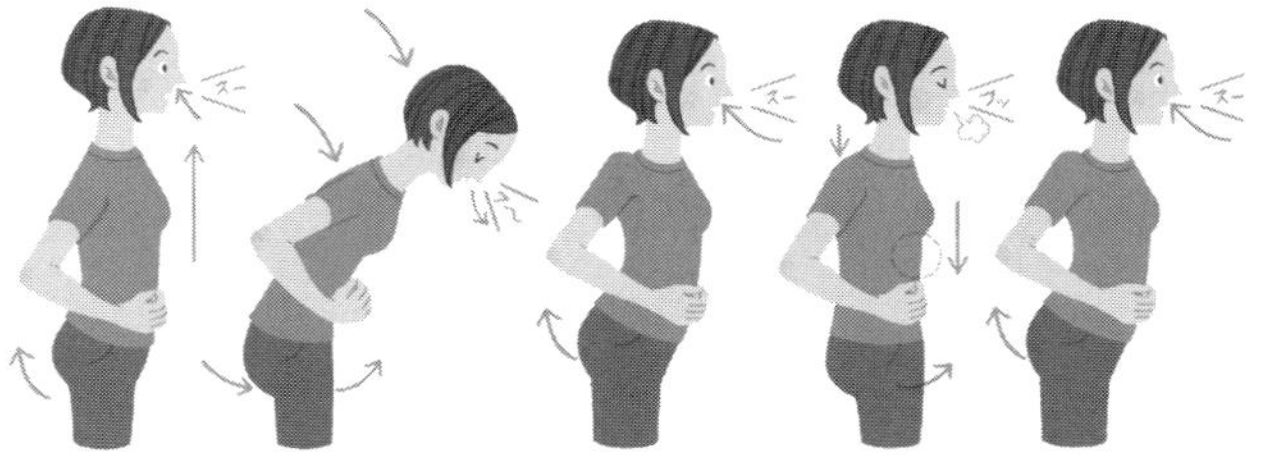

図(3)　呼吸法

じることができるということが、この呼吸法で一番重要なところである。なお活気を出すためには、(2)で説明したように、同じ方法で、ハッと短く呼気を繰り返すとよい。

逆腹式呼吸の特徴として、呼気のときに、下腹の充実感があることもあげられる。どっしりとした落ち着きの気感（気分／感覚）が起こる。そのため、これを日々体験しておくと、落ち着きを取り戻す必要があるときに、応用することができる。これは順腹式呼吸法では得られない。なおこの呼吸法の基になっている方法は調和道協会で教えているものである。付記の図書を参考にされたい。**図(3)**、参考図書：鈴木光弥『丹田を創って「腹の人」になる』小学館文庫、二〇〇三年、高橋玄朴『うつを克服する活力呼吸法―クラシック・ヨーガとともに』地湧社、二〇一〇年

(4) 表情

表情はいってみれば、顔面の筋反応である。顔面の緊張は

心身の全体的な緊張を生むので、弛緩のためには顔面の筋緊張を緩めることが大切である。顔面における主要な筋反応は眉毛の間と口周り、あるいは顎である。額に起こる縦皺は眉毛の間に力を入れることによる。心理的に困ったときによく起きる緊張である。「目尻のしわは歳のしわ、眉間のしわは心のしわ」である。したがって、ここの緊張を解くようにする。

顎の緊張は奥歯を嚙みしめることによる。したがってその弛緩は、奥歯の力を緩め、下顎をだらんと下げるようにする。これはいわゆるバカ面になることである。

また活気を出すためには、眉毛をあげ、両目を見開き、口角を横に引くようにするとよい。このとき仏様のように、眉間から光が発射されるのをイメージしてみるのもよい。

ここで述べてきた表情の動きは先に述べてきた呼吸法や筋弛緩法の動きと一緒に行うとよい。

(5) 発声

発声は声だけでなく、動作とイメージを伴って行う。なお発声はしかるべき場所(森林の中)では力を込めて、大きな声を出すとよいが、近隣に迷惑がかかる場所では、常識的な音量とする。次のような順序で行う。

①まず両足を肩幅程度に開いて直立し、腹に手を当てる。腹式呼吸で一杯に息を吸い、その後「あ〜」と声を遠くに届かすつもりで発声しつつ、両手を大きく横に開く。次に腹に息を吸いながら、両手を腹に戻すが、そのときにこの世の中のエネルギーを体一杯に吸い込むとイメージする。そして同時に、体全体がやわらかい緑色になるとイメージする。穏やかな親和の気分を味わう。目の前に森があることをイメージしてもよい。**図⑸—①**（二二八頁）

②次に腹に置いた両手の掌を天に向けて、左右に大きく開く。その両手を上げつつ「お〜」と発声する。厳かな気分で、宇宙に声が届くようにする。声を出し切ったら、吸気をしながら両手を頭上に近づけ、次に息を吐きながら、天のエネルギーが体内に入ってくるというイメージで、体に沿って両手を下に下げていき、そのまま腰を曲げて、足まで下げる（この姿勢は筋弛緩のぶら下がりである）。このとき手の動きに伴って、体が薄青色に染まっていくことをイメージする。知性と沈静の気分を感ずるようにする。また、体のこりや悪いものが足から出てゆくとイメージするのもよい。**図⑸—②**（二二八頁）

③ぶら下がりの姿勢で一息入れて、「お〜」と発声しながら、膝を支点にして、体をゆっくりと起こしてゆく。このとき両手は体に沿って上げてゆき、頭の上まで手を伸ばす。手の動きにつれて、大地のエネルギーが体内に入り、体が赤く染まってゆくことをイメージ

図(5)　発声

図(5)　発声

する。情熱と活気の気分を感ずるようにする。**図**(5)—③

④一息入れ、上にあげた両手は横に広げ息を吐きながら、下ろしてゆき、腹の前で揃える。そして息を腹いっぱいに吸い、口を閉じて、呼気しながら「む〜」または「う〜ん」と発声し、腹を充実させて、仁王立ちの姿勢をとる。①から④までは一続きの動きである。**図**(5)—④

以上の発声は、「あ〜お〜む〜」であるが、すでに述べたが、一般には「オーム」といい、ヨーガでは聖音とされている。

(6) 姿勢

次のワークは姿勢である。よい姿勢を作るためには、たとえば剣道や弓道をやるとか、女性ならばバレエをやるとよいのであるが、ここでは姿勢を作るというよりは、姿勢に対する意識を高めるためのワークであるといったほうがよい。両手を後ろに組み、胸をそらすという動作をしてみる。三〜四回やってみる。この際重要なことは顎を出さずに、引き込むようにすることである。腰を入れ、顎を引くことで背筋を伸ばすことができる。

ただし腰はいったん入れたら、真っ直ぐに戻す。腰を入れたままの姿勢は緊張してむしろよくない。頭頂から頸椎と脊椎とを真っ直ぐにし、尾てい骨から踵まで、地球の中心に向かって一直線にするよう心がける。力は入れない。このような姿勢によって、覚醒感を高めることができる。なお姿勢はいろいろなレスペラント・ワークと共に意識してやる。図(6)

(7) 歩行

①歩行の気感である活性感を出すためには、軍隊歩きがよい。背筋を伸ばして(姿勢の動作)、片方の足の踵を地に着けて一歩踏み出す。そのまま前方に乗り出し、体重を前足に移動する。このとき後ろ足は伸ばして、つま先を地に着けておく。この状態では胸がせり出している。これを左右の足で繰り返す。これを数試行行う。覚醒と活発の気感を感ずることができるであろう。**図(7)—①**(二三三頁)

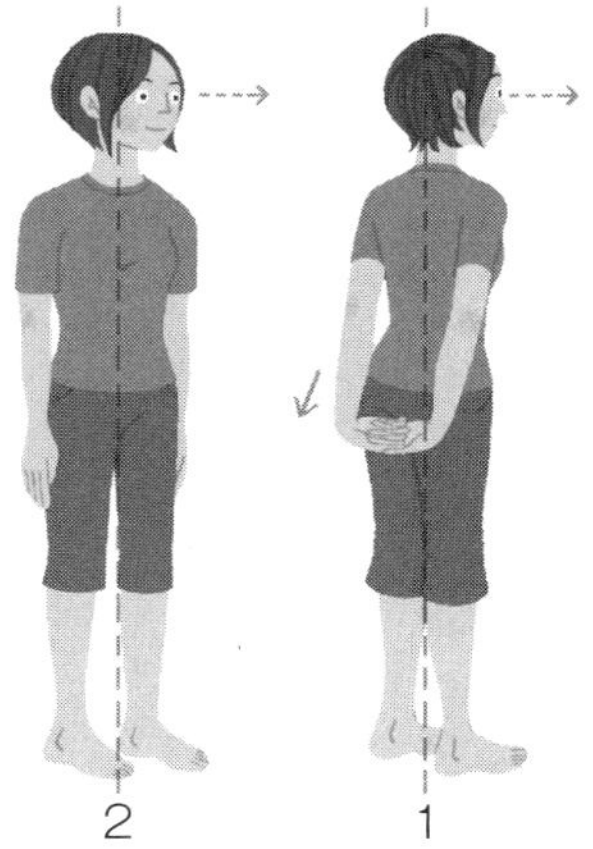

図(6) 姿勢

②落ち着きの気感を感ずるための歩行は、能の演者が行う歩行がよい。腰を落とし、ほぼすり足の動きで、ゆっくりと一足分の歩幅で前進する歩行である。この際、左右の足の体重移動と足裏の感覚に注意を向けて行うようにする。**図(7)—②**(二三三頁)

③歩行は太極拳の歩行を参考にすると、さらにいろいろな内容を含んだものとなる。まず適度な低さに腰を落とす。歩法は無理のない歩幅で、前進してゆくのであるが、前に足を出したら、それに体重を移動する（前足に8、後ろ足に2の配分）。次にいったん後ろ足に体重を移動する（後ろ足に8、前足に2）。そして再び前進する。この繰り返しである（正式な太極拳の歩法はかなり訓練が必要なので、これは簡便法である）。**図(7)―③**

(8)ウォーキングについて

いままで述べてきた一連のワークの流れとは異なるが、ウォーキングはレスペラント反応のいろいろなものを含んだ総合的な心身の健康法として推奨できるものである。

ウォーキングには、すでに述べたように、三種類のものがあるが、ここでは瞑想歩を推奨したい。マインドフルネス・ウォーキングといって、歩くことに注意を集中しながら、体の感覚（特に足が地面を踏む感覚）を意識し、風や鳥などの音に耳を澄ましながら歩くのである。この際、雑念が浮かんだら、歩く感覚や呼吸に注意を戻すようにする。どこかに行くための歩行ではなく、歩くこと自体が目的である。

この歩行のときには、次のような点に注意する。一つは呼吸である。呼吸のテンポを整えることが重要である。少し激しく歩くときには、二回呼気して、二回吸気する。普通は

図(7)　歩行

三回呼気し、一回吸気する。深く集中するときには、五回呼気し、二回吸気する。

この呼吸法は一つの例であって、歩行を重ねてゆくうちに自分の呼気、吸気のテンポがわかってくる。この呼吸のテンポに合わせて、足の運びが決まってくる。歩幅はいろいろあるが、自分の足の長さに合わせて、無理のない歩幅で歩く。

次に重要なのは姿勢である。姿勢のワークのところで述べたように、背筋を伸ばし（いったん腰を入れて伸ばし、その後腰の力を抜く）、顎を上げない。姿勢は歩いているうちに崩れるので、時々注意を向けチェックをする。姿勢に関連するのは視線である。あまり下向きにすると姿勢が悪くなる。遠くを見るようにするとよいが、そうすると注意が散漫になることがあるので、姿勢が悪くならない程度に、やや伏目にして歩く。

坐禅のときの三つのキーワードを意識して歩くとよい。すなわち調身、調息、調心である。姿勢を正し（調身）、呼吸のテンポと歩行のテンポを同期させて（調息）、下腹部と足の感覚に注意を集中し（調心）、下腹を前進させてゆくイメージで、体や環境の刺激を感じながら歩くのが、ここで提案したいマインドフルネス・ウォーキングである。最良の心身統一のワークである。

おわりに

心理学者でありながら、心をそっちのけにして、体を問題にしてきたことには、それなりの理由があります。

私が大学院の学生時代のことになります。昭和三〇年代のことですが、いまから思うと確かに神経症になっていました。当時のことですから、いまのように心理療法などという手立てはありませんでした。多くの人は精神を鍛えるのだといって、禅寺に行ったものです。私もその例に漏れず、鎌倉の円覚寺に行きました。出てきた坊さんに、話を聞いてもらおうとしたところ、頭ごなしに「つべこべいうな！　座れ！」と怒鳴られました。いまではこれが正解だと思いますが、その時はなんだかわからないまま、座りました。しかし、思えばこの体験が体との付き合いの始まりです。なんとなく禅の思想に興味を持ち、当時は鈴木大拙の本など読んだりしました。

じつは当時、禅と心理学を結びつけて、『心理禅』という著書も出されていた、京都大学教授で知覚の研究をされていた佐藤幸治先生という方がおられました。その先生が宇治にある黄檗宗萬福寺の潮音舎で、石黒老師を中心に坐禅の集まりをやるということを聞き知って、わざわざ出かけました。帰京してから、恩師の戸川行男先生に報告し、自分も禅の心理学をテーマにしてみたいと、申し上げたところ、即座に、心理学をきちんとやってから（当時は私はネズミを使って、条件づけの実験をしていました）でなければダメだといわれました。先生の言葉はいま思うと正解でした。したがってその後はこのことは封印しました。

時が過ぎて、私が学生時代からやってきた行動主義心理学が衰退していく時代がやってきました。行動ではなく認知（意識）が主題になり始めたのです（昭和五〇年代半ば頃）。この状況に直面して、あらためて自分のテーマをどうするか、またまた神経症に悩まされることになりました。

せっかく二〇年以上かけてやってきた「行動」は捨てがたく、これを生かす道はないかと悩みました。その時たまたまフランス文学者の多田道太郎の『しぐさの日本文化』（筑摩書房、一九七二年）を読み、こんなに面白いテーマがあるのだといたく感動しました。しぐさは行動主義の行動ではなく、「動き」そのものです。以後いろいろと経由して、「動き」をテーマにすることになっていきました。

じつはここで坐禅と結びついてきたのでした。もうある程度、心理学の研究をしてきたことでもあるし（平成元年の頃）、恩師のお許しもあることだろうと、以後は東洋的行法の実践をやり始めました。動きの意味を自分で体験しなければならないという思いから、ひたすら坐禅、呼吸法、気功、ヨーガ、太極拳、指圧、などの教室に通いました。そのなかで、いまだに続いているのは、太極拳です。

研究者としての晩年は、ありがたいことに、ゼミには学生も集まってくれて、「動き」の研究に集中することができました。その結果は、私の定年の時に編著『身体心理学』（川島書店、二〇〇二年）として、まとめることができました。定年後も思索を続けて、内容も少し深化したかと思い、あらためて、少しでも一般の方々に、私の研究を知っていただきたいと思い、出版を思い立ちました。

このようなことで、本書は私のゼミ生の卒論や修士論文や学位論文を背景にしています。いちいち名前を挙げることができませんでしたが、たくさん引用させていただきました。ゼミ生全員には改めて感謝申し上げます。本書は皆さんへの感謝のメッセージのつもりですので、できれば書店で皆さんの目に触れることを願っています。

最後になりましたが、本書の出版には因縁があります。一〇年以上前のことですが、講談社現代新書の田中浩史さんから、からだ言葉について、書かないかとお誘いをいただきました。大変申し訳なかったのですが、多忙であったことと、まとめる自信がなかったため、そのままにしていました。

今回原稿を書き上げてから、どこかの出版社に持ち込もうと考えたとき、当時のことを思い出しました。いまさらと思いましたが、思い切って電話をしてみましたところ、驚いたことに、田中さんが電話口に出てこられたのです。なんだか不思議な気分がしました。話を持ち出すのは、気が引けたのですが、快く受けていただき、読んでいただきました。おかげさまでこのようなことで、出版できたわけです。うまくない文章でご苦労をおかけしたと思いますが、深く感謝申し上げます。

本書は私の孫たち、優花、悠里、昇太、理恵が大学生になった時、読んでもらいたいと思いつつ、一生懸命書きました。

二〇一一年七月二七日

春木　豊

講談社現代新書 2119

動《うご》きが心《こころ》をつくる 身体心理学《しんたいしんりがく》への招待《しょうたい》

二〇一一年八月二〇日第一刷発行 二〇二三年五月二三日第一〇刷発行

著者 春木《はるき》 豊《ゆたか》 © Yoshiko Haruki 2011

発行者 鈴木章一

発行所 株式会社講談社

東京都文京区音羽二丁目一二―二一 郵便番号一一二―八〇〇一

電話 〇三―五三九五―三五二一 編集（現代新書）

〇三―五三九五―四四一五 販売

〇三―五三九五―三六一五 業務

装幀者 中島英樹

印刷所 凸版印刷株式会社

製本所 株式会社国宝社

定価はカバーに表示してあります Printed in Japan

N.D.C. 140 238p 18cm

ISBN978-4-06-288119-7

「講談社現代新書」の刊行にあたって

教養は万人が身をもって養い創造すべきものであって、一部の専門家の占有物として、ただ一方的に人々の手もとに配布され伝達されうるものではありません。

しかし、不幸にしてわが国の現状では、教養の重要な養いとなるべき書物は、ほとんど講壇からの天下りや単なる解説に終始し、知識技術を真剣に希求する青少年・学生・一般民衆の根本的な疑問や興味は、けっして十分に答えられ、解きほぐされ、手引きされることがありません。万人の内奥から発した真正の教養への芽ばえが、こうして放置され、むなしく滅びさる運命にゆだねられているのです。

このことは、中・高校だけで教育をおわる人々の成長をはばんでいるだけでなく、大学に進んだり、インテリと目されたりする人々の精神力の健康さえもむしばみ、わが国の文化の実質をまことに脆弱なものにしています。単なる博識以上の根強い思索力・判断力、および確かな技術にささえられた教養を必要とする日本の将来にとって、これは真剣に憂慮されなければならない事態であるといわなければなりません。

わたしたちの「講談社現代新書」は、この事態の克服を意図して計画されたものです。これによってわたしたちは、講壇からの天下りでもなく、単なる解説書でもない、もっぱら万人の魂に生ずる初発的かつ根本的な問題をとらえ、掘り起こし、手引きし、しかも最新の知識への展望を万人に確立させる書物を、新しく世の中に送り出したいと念願しています。

わたしたちは、創業以来民衆を対象とする啓蒙の仕事に専心してきた講談社にとって、これこそもっともふさわしい課題であり、伝統ある出版社としての義務でもあると考えているのです。

一九六四年四月　野間省一